はじめて会った人、交渉相手、恋人…
目線ですべてが変わる。

目力の鍛え方

中谷彰宏
AKIHIRO NAKATANI

ソーテック社

Book Design…Yoshiko Shimizu (smz')

今見ごろモノを
引き寄せ
今見ごろ所に
体は動く
中谷彰宏

あき
ひろ

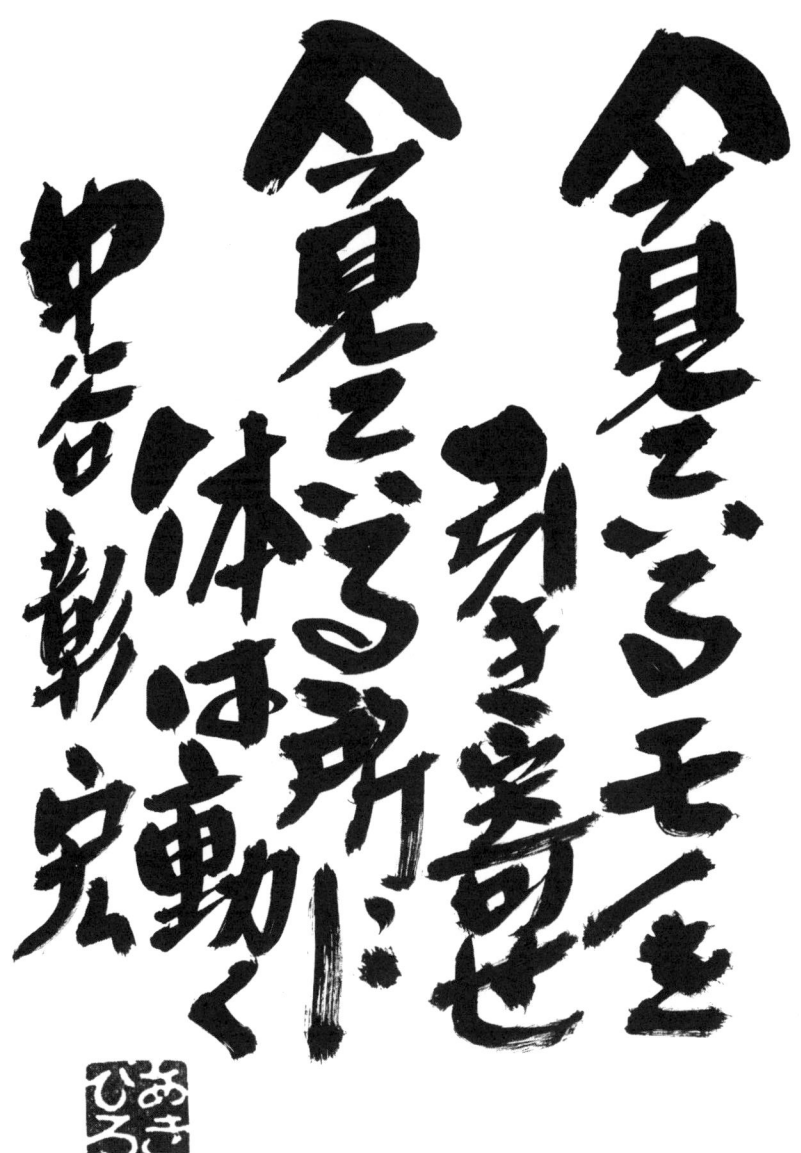

チャンスをつかめる人は、目力が強い。

ticket No.01

はじめに

チャンスは、手ではなく、目でつかめるのです。

ミスインターナショナルの世界大会で北京に行った時に、強く感じたことがあります。

大会を見にくるのは、モデルや芸能関係の人だけではなく、一般の人たちも大ぜいいます。

中国の女性は、一般の人でも印象に残ります。

昔は日本にもいましたが、今はいないタイプなのです。

私がじっと見ていると、中国の女性は振り返ってこちらを見るのです。

日本では、普通、見られていることがわかるとうつむきます。

目力をつける魔法 No.01

見られた時、目をそらさない。

目をそらして、反対を向いたりします。

それでは印象に残りません。

韓国や中国の女性が印象に残るのは、見られても、目をそらしたり、うつむかないからです。

見られていることがわかった時に目線を返すことも、ひとつの目力です。

欧米人はもともとそれができます。

アジア人でも、韓国や中国の女性は、目線を返してじっと見る目力があるのです。

目力をつける68の魔法

Part 1 目力を、信じよう。

ticket No.02 to No.28

01 見られた時、目をそらさない。
02 目から何かが出ていると、信じよう。
03 音楽を聴いたり、映画を見ることで、目に表情をつけよう。
04 相手を詮索しない。
05 まず、自分から心を開こう。
06 映像で記憶しよう。
07 別れぎわ、曲がり角で振り返ろう。
08 意識を変えることで、目力を変えよう。
09 目力の出るものを、身につけよう。
10 すべての美しいものに、出会おう。
11 星を見よう。
12 動物と目線を合わそう。
13 指示をする人の目を見よう。
14 戦う相手に自分の目を見せよう。

ticket No.

ticket No.

Part 2 目力上手に、なろう。

ticket No.29 to No.50

ticket No.

Part 3 目力を、鍛えよう。

ticket No.51 to No.67

目力の鍛え方

目次

Part 1 目力を、信じよう。

ticket No.02 to No.28

ticket No.

ticket No.

ticket No.

Part 2 目力上手に、なろう。

ticket No.29 to No.50

ticket No.

Part3 目力を、鍛えよう。

ticket No.51 to No.67

ticket No.

Part 1

目力を、信じよう。

ticket
No.02
to
No.28

目から「何か」が出ている。

ticket No.02

目から何かが出ているという研究は、19世紀まで行われていました。

ところが、20世紀の科学はその説を一切否定しました。

それで忘れ去られてしまったのです。

たかだか100年ぐらい前までは、すべての人が目から何かが出ていると信じていました。

科学者も、そのための科学的な研究をしていました。

ところが、20世紀の過去100年間で、目からは何も出ていない、何か出ていると思うのは気のせいだということになったのです。

ところが、ほとんどの人は目から何かが出ていることを無意識に感じています。

今誰かに見られているという気配を感じて、振り返ることもあります。
電車の中で知らない人をじっと見ていると、その人は絶対に振り返ります。
たまたま振り返ったのではありません。
目から何か物質が出ているのです。
それをうまく使いこなせるかどうかです。
まず、**目から何か物質が出ていることを信じること**です。
意識の持ち方の違いで、あなたの目力は変わってくるのです。

目から何かが出ていると、信じよう。

目力をつける魔法
No.02

ticket No.03

表情は、目に出る。

顔に表情があるのと同じように、目にも表情があります。

動物を飼っている人はよくわかります。

動物は、しゃべらないし、笑顔もギリギリいっぱいあるかないかです。

犬はまだ笑っているような気がします。

猫になると、よくわかりません。

でも、猫は目に表情があるのです。

目の喜怒哀楽をつけるために、鏡を見ながら、怒ったり、笑ったり、泣いたりする練習をしても意味がありません。

それは表面上の問題です。

喜怒哀楽は心の状態から生まれてくるのです。

心の喜怒哀楽の起伏で、どれだけバリエーションと弾力性をつけられるかです。

そのためには、お芝居や映画を見たり、本を読んだり、旅行したり、いろいろな人に会うことです。

そのすべての体験があなたの心の振れ幅になって、喜怒哀楽が豊かになるのです。

「喜」と「楽」だけではなく、「怒」と「哀」も必要です。

喜怒哀楽の4つの要素がそろって、初めてあなたの人間的な要素になるのです。

もちろん、「怒」と「楽」だけでもいけません。

喜怒哀楽をまんべんなく体験できていることが大切です。

いろいろなことを体験していれば、「喜」と「楽」ばかりということはありません。

「喜」と「楽」しか体験したくない人は、一度でも「怒」に出会うとやめてしまいます。

そういう人は行動力がなくなるのです。

世界1周旅行をする必要はありません。

近所を1周するだけでも、喜怒哀楽を感じる機微が生まれます。
どんな小さなことにも反応できる心の軽やかさ、柔軟性を持つことです。
そうすれば、あなたの目に表情が出てくるのです。

音楽を聴いたり、映画を見ることで、目に表情をつけよう。

目力をつける魔法
No.03

―

「心のまぶた」を、開放する。

ticket
No.04

相手を詮索する目は、美しくありません。


それは刑事の目です。

刑事の目は、ギラギラしていますが、キラキラしていないのです。

それは人間性の問題ではなく、職業柄なので仕方ありません。

ある日、地下鉄でひと目で張り込みだなとわかる人がいました。

わかりすぎてまずいくらいです。

よほど張り詰めた捜査だったのでしょう。

TVや映画の張り込みでは、もう少しさりげなく、新聞を見たりして知らん顔していいます。

男性にはこのタイプがけっこう多いのです。

そんな人の会話はだいたい決まっています。

「いくつ？」「独身？」「彼いるの？」「どこに住んでるの？」「ひとり暮らし？」という質問を立て続けにするのです。

答えたら面白い話が展開するのかと思って答えると、「ふーん、ホントかよ」で終わるのです。

それはとてもイヤな感じです。

それは、目にあらわれます。

「また営業的にこんなことを言って」という否定的な目になっているのです。

男性だけではなく、女性にもあります。

せっかくうれしいことを言ってもらっているのに、否定的な聞き方しかできない女性は、目で拒絶して、信じられないという目になるのです。

天然の女性の強さは、それが無防備にオープンになっていることです。

人間は、まぶたが上下についています。

魚は、水の流れがあるので、まぶたが左右についています。
実は、人間にも心理的なところで左右のまぶたがあるのです。
それが閉じている人はたくさんいます。
それは心が閉じている状態です。
左右のまぶたを開放して心を開くことが大切なのです。

相手を詮索しない。

目力をつける魔法
No.04

ticket No.05

自分が心を開けば、相手も心を開く。

相手に猜疑心を持って見られることがあります。

ここで「相手は猜疑心を持って見ている」と思うと、それを肯定したことになります。

天然の女性は、相手が猜疑心を持っていることに気づかず、天真爛漫に見つめます。

そうすると、相手の猜疑心が消えていくのです。

これが天然の女性の目線の強さです。悪意を持って見ないことが大切です。

知らない人に会う時は、どうしてもガードして接しています。

どんな人かわからないし、だまされたらどうしようと思って見るのです。

鏡と同じで、自分が愛情ある見方をすれば、相手も愛情ある見方をしてくれます。

これがミラー効果です。

自分が心を開く見方をすれば、相手も心を開く見方をしてくれます。

目は、相手が心を開いているか閉じているか、一目瞭然でわかるのです。

時代劇で、村へ行ったら、誰かがのぞき窓からのぞいていて、振り返ったらパシッと閉めるシーンがあります。

そういう見方をする人はけっこういます。

そうすると、相手もそういう見方になるのです。

私は、初対面の人にいきなり大事な秘密を打ち明けられることがあります。

それは私が最初から心を開いているからです。

だから相手も心を開くのです。

自分が閉じていて、相手を開かせようと思うのはムリがあるのです。


まず、自分から心を開こう。

目力をつける魔法

No.05

ticket No.06

目で、学ぶ。

私は今、花岡浩司先生にボールルーム・ダンスを習っています。

ダンスで大切なことは、「目で学ぶ」ということです。

私は、ほかの生徒さんに教えている時の先生の体の動きを見ています。

盗難防止の防犯カメラのように、目でずっと撮っているのです。

先生が「このステップはこういう動きで」と説明した時に、それを頭の中で再生します。

「花岡先生は、こうやっている」という目で学んだことを、自分の体でもう一度再現するのです。

目で「イメージを焼きつける」ことが大切なのです。

頭の中に猛烈な量のビデオライブラリーがなければ、「こうするんです」と言われた時に再現できないのです。

目は、防犯カメラのように何げなく映っています。

でも、一瞬防犯カメラのスイッチをオンにする意識が必要です。

オフになっていると録画できません。

カメラはオンになると、赤いランプが点灯します。

赤いランプが点灯した目が生き生きした目です。

万引き防止のために、ウソのカメラがついていることがあります。

何の録画もされないし、ケーブルもウソっぽいのです。

あなたの目がそうなってはいけません。

一瞬、集中する瞬間があります。

何げなく先生のやっていることに集中すると、目というカメラがオンになって、録画状態になります。

そういう時の目は、とてもいい目をしているのです。

目には、３つの機能があります。
①見る。
②録画する。
③再生した記憶映像を見る。
録画し、再生した映像を見る目は、キラキラしているのです。

映像で記憶しよう。

目力をつける魔法
No.06

振り返る目線が、一番強い。

ticket No.07

「さようなら」と言って別れたあとに、ほとんどの人が振り返りません。

でも、振り返りの目の力は強いのです。

恋愛ドラマは、振り返る目力を使っています。

最初の目線よりも、すれ違ったあとに振り返る時の目線のほうがタメがききます。

別れたあとに直線距離があって、ここを曲がると、相手が追いかけてこない限り見えなくなるという瞬間があります。

その曲がり角の最後に見える瞬間の振り返りの目線が、一番強いのです。

剣道で言う「残心」です。

そこでメールチェックをしていたら、送っている相手は寂しい気持ちになります。

メールチェックをしている時はショボイ目線になります。

どんなに「いい女」でも安っぽい女に見えるのです。


メールチェックは、曲がり角を曲がってからすることです。

曲がり角を曲がるまでは、相手が見ていても振り向かなくていいのです。

最後の瞬間にふっと振り返って、目線を送って、なごりを惜しんでから角を曲がるのです。

曲がり角は、花道であり、袖です。

袖に入りぎわが役者の一番の見せどころで、目千両になるところです。

車に乗っている時も同じです。

こんなに距離があるからたぶん見えないだろうと思っても、見えるのです。

これが目線のマジックです。

どんなに離れていても、「今この人は振り返った」というのは見えるのです。

映画では振り返りの名シーンが多いです。

ひょっとしたら振り返ってくれるかもしれない、でももう振り返らないと思っている人が振り返ると、名シーンになるのです。

別れぎわ、曲がり角で振り返ろう。

目力をつける魔法
No.07

ticket
No.08

壁を越える瞬間に、目が変わる。

ダンスでは、正しい姿勢になって体のバランスがとれると、目の力が抜けます。

体の重心が安定していて、オンバランスでグラグラしていないかどうかの判断は、足や腰ではなく、目を見ればわかります。

目の力が抜けたら、体のバランスがとれているのです。

目が変わると、顔全体が変わった印象になります。

私は、マンションの廊下やエレベーターの前で、いつも待ち時間にダンスの練習をしています。

その時、「ダンスの練習をはじめると顔が変わる」とよく言われます。

自分ではそんな意識はありません。

ただステップの練習をしているだけです。

今日習ったこれはとか、今練習しているこれはとか、これはこうなんだよねと、自分の体に教えているのです。

その動きをすると、顔がダンスの顔になるのです。

ダンスでステップができるだけでは、まだある壁を越えていません。

ある壁を越える瞬間は、それをしている時に目が変わって、顔が変わる瞬間です。

それは一瞬にして変わるのです。

意識を変えることで、目力を変えよう。

目力をつける魔法
No.08

ticket No.09

ティアラをつけると、目がプリンセスになる。

ティアラをつけると、目がキリッとなります。それがティアラの効果です。時代劇の羽二重《はぶたえ》（「かつら」の下の髪の毛などを隠す布）のように、持ち上げているわけではありません。

女王様や王女様がティアラをつけているのは、目がキリッとするからです。**目力をつけたいと思ったら、自分にとってのティアラを見つけることです。**

実際に会社やデートにティアラをつけて行ったら、「どうしたの」と言われます。そうではなく、自分なりのティアラを持つのです。

帽子の好きな人は、ティアラの感覚に近いです。

メイクがティアラになる人もいます。

目力を つける魔法 No.09

目力の出るものを、身につけよう。

ティアラはふつう展示会で見るしかありません。
自分がつけられる機会はめったにないのです。
ティアラをつけられる機会があったら、ぜひつけてみてください。
そうすると、その魔法の効果がわかります。ティアラはただの飾りではないのです。
男性にも自分なりのティアラは必要です。
女性はファッションやメイクがそれに当たります。
でも、男性にはそれがないのです。
女性のほうが変身の道具をはるかにたくさん持っています。
男性の場合は、音楽がティアラになることがあります。
自分のテーマ曲を聞くと、目つきが変わることがあるのです。

ticket No.10

感情移入して近づくと、目は輝く。

月が大きく感じる瞬間があります。
月の大きさ自体は変わりません。
月が低いところにあると、周囲の建物との比較で大きく見えるのです。
それが見ているうちにだんだん大きくなっていきます。
感情移入すればするほど大きくなるのです。
人に対しても、感情移入すると、より近くに見えるようになります。
ほかの人から見ると、その時の目は輝いています。
目自体が光っているわけではありません。
何かの光を受けて光るのです。

猫の目が光って見えるのは、猫の目にライトが当たって、網膜に一度反射して光っているのです。

人間の目はレンズが1個です。

猫の目にはレンズと鏡があって、暗い中でよくモノが見える構造になっているのです。

人間の目にも鏡の機能を持つことです。

それには、いかに光るものを見ておくかです。

むごたらしいものばかり見ていると、目はどんどん光らなくなります。

子供の目は希望に満ちているので、ほうっておいても光っています。

大人になって汚いものを見ていると、だんだん目がくすんでしまいます。

本当は、大人になればなるほど、世の中の美しいものに気づくのです。

すべての美しいものに出会うことです。

歳をとると、だんだんそれがなくなります。

死のうと思っていた男性がミニスカートの女性を見て目が輝いたら、その人は自殺しません。
女性も、カッコいい人を見た瞬間に生きる希望がわいてきます。
その瞬間に目が光るのです。

すべての美しいものに、出会おう。

目力をつける魔法

No.10

遠くを見ている人は、キラキラ目になる。

ticket No.11

自然界で見える最も遠いものは星です。
都会では、星を見る機会はなかなかありません。
田舎へ行ったりリゾートへ旅行に行くと、星が多くてびっくりします。
時々、彗星が通るとか流星群が見えるというニュースが新聞に出ています。
それで星を見てみようと思い立ちます。
星の見方にはコツがあります。
「たしかこの辺にあるはずだ」と思って探しても、なかなか見つかりません。
探している星座の隣の星座が見つかるのです。
これが目の特徴です。

目力をつける魔法
No. 11

星を見よう。

実は、目は探しているところから少しズレたところが最もよく見えるのです。
星はひとつ見つかると次々に見つかります。
ここから何個分延ばせば星があるはずと思っても、見つかりません。
必ず別の星が見つかって、「なんだ、この星は」ということになるのです。
夢と星とは似ています。
夢をずっと見つめていても、やりたいことはなかなか見つかりません。
その横に、「これはなんだ」という面白いものが見つかるのです。
遠くのものを見ることで、遠くを見る力がつきます。
遠くを見ている人はキラキラ目になります。
目は星の光ですら受けることができるのです。

ticket No.12

目線が自分に向いている犬を選ぶ。

犬をトレーニングする時は、まず目線をご主人様に向けさせることからスタートします。

上下関係を理解できて、ご主人様を信頼できている犬は、常にご主人様の目を確認しています。

ちゃんと言うことを聞いているかどうかではないのです。

犬は自分の上位者の目を確認しながら行動します。

飼い犬から目を見てもらっていないご主人様は、実は目下に見られているのです。

「待て」「おすわり」「伏せ」を教える前に、まずご主人様の目を見ることを教えることです。

目力をつける魔法 No. 12

動物と目線を合わそう。

ペットショップで子犬を買う時も、目線が自分に向いている犬を選びます。

目線の向く犬と向かない犬とがいます。

目線の向く犬は、トレーニングでどんどん吸収していけるのです。

言葉を使えない分、犬は目線が大切になります。

犬と人間とが一緒にドラマに出ると、訴える表情は犬にかないません。

それだけ犬の目には表情があるのです。

ticket No.13

相手に指示を与えるには、自分の目を見せる。

ＴＶ番組の企画で、タヒチでスキューバダイビングをしたことがあります。

スキューバダイビングをやるのは初めてでした。

コーチの指示は全部フランス語です。

「フランス語はできるか」と早口で言われて、私は思わず「ウイ」と言ってしまいました。

そのあと、ペラペラペラペラとまくし立てられたのです。

「ＯＫ、レッツゴー」と言われて海へ入ると、私のマスクの中にたちまち水が入ってきました。

説明していたのですが、どうしたらいいかわからなかったのです。

さすがに向こうも通じていないのがわかりました。

私は相手の目を見て、「水が入ってきちゃったんだけど」と自分のマスクを指さしました。

水の中なので、フランス語ができるかどうかはもう関係ありません。

目で訴えるしかないのです。

私はパニックになっていました。

その時に、コーチはまずVサインで両方の目を指さしました。

最初は何をやっているのかわかりませんでした。

それは「これから説明するから、オレの目を見ろ」というVサインでした。

パニックになっている人間に、「こうしろ、ああしろ」と言っても通じません。

まず「自分の目を見ろ」と言うことで、相手を落ちつかせることができます。

これは目で主導権を握ることの別のバリエーションです。

興奮している人は、相手の目を見られなくなっているのです。

それは言葉が通じない相手にも通用します。

目力を
つける魔法
No. 13

指示をする人の目を見よう。

外国人の合図で、Vサインを口へ持っていくと「笑って」という意味です。
Vサインを目に持っていくと、「私の目を見てください、今から説明しますから」
という意味になります。
パニックになっている人間はあたふたしているので、何を言っても通じません。
まず相手を冷静にさせて、アドバイスを聞ける状態にします。
そのために自分の目を見せるのです。
子供はパニックになっている大人と同じです。
あちこちに目線が散らばっています。
子供に指示をする時は、まず「はい、注目」と言って先生の目を見させるとよいの
です。

ticket No.14

自分の目を見せることで、主導権を握れる。

ボクシングの試合では、まずレフェリーの注意・説明があります。

レフェリーが「ファイト」と言う前に、ボクサーの2人はにらみ合っています。

この時に、お互いに相手の目ではなく、あごのあたりを見ています。

試合をよく見ていると、絶対に相手と目を合わせないのです。

相手のあごのあたりが見えている選手は勝てます。

逆に、相手の目を見ている選手は負けます。

目には力があるので、自分の目を見せたほうが主導権を握れるのです。

ボクサーは、自分の目を見せるように相手を誘い込んでいきます。

それを抑えて**相手のあごを見れる選手は**、**自制心があって集中力が保てているの**

です。

赤井英和さんは、大和田選手に生死をさまようようなノックアウトをされました。

赤井さんは、「試合前に相手の目を見ちゃったんだよね。だから、やっぱり負けてしまった」と言っていました。

不敗の男が相手の目を見ただけで負けてしまったのです。

それぐらい目には力があるのです。

セールスでも恋愛でも仕事でも、相手の目を自分の目に向けさせることができれば、主導権を握れるのです。

戦う相手に自分の目を見せよう。

目力をつける魔法
No.14

目に、集中させる。

ticket No.15

心霊写真は目線を感じます。
顔の輪郭は全然ないのに、こちらを見ている気配があるのです。
それでドキッとします。
目線で何かを訴えているのです。
決して輪郭で訴えているわけではありません。
化粧でつい力を入れてしまうのは輪郭です。
逆に言えば、輪郭しか描けないのが化粧です。
目を生かすために輪郭の化粧があるのです。
目に集中するように相手を導けば、相手を引きつけることも、覚えてもらうこと

も、口説くことも、いい女に見てもらうこともできるのです。

虎の柄は、視線が目に集中するようになっています。

蛾の羽には目の柄がついています。

そうすることで、「オレは強いんだぞ」と相手をビビらせて、自分を捕食する動物から逃れることができるのです。

自分を強く見せるものは、鼻でも口でも牙でもなく、目なのです。

目で握手をしよう。

目力をつける魔法

No.15

ticket No.16

仏像の前では、誰もが自分は見られている気になる。

仏像の力も、やはり目の力です。

仏像は目線の幅が広いのです。

たとえば、奈良の大仏は大きいので、いろいろなアングルから見えます。端にいる人が見ても、自分を見られているような気がします。

仏像に自分を見てもらっているという安心感を得ることができるのです。

先生と生徒でも、上司と部下でも、コーチと選手でも、**見てもらっているという安心感はとても大切**なことです。

リーダーになる人間の目線はスタッフを安心させます。

そのひとつのお手本が仏像の目です。

仏像の目は決して力んでいません。

まわりに慈悲を与える目です。

半眼で、遠くを見据えているようで近くも見えています。

右端にいる人も、左端にいる人も、手前にいる人も、遠くにいる人も、すべての人と目線が合うように構成されているのです。

仏像を見る時は、衣のタッチがどうとか体の写実がどうとかいうことを見るよりも、まず目がどうなっているかを見ることです。

お地蔵さんに至っては、目は線です。

それでも目力を感じるのです。

お地蔵さんをなでて、自分の体をなでると、その部分がよくなると言われます。

木造の仏像は、それを煎じて飲むと体がよくなるということで、顔が削られていることがあります。

それでも目線を感じます。

それが仏像のありがたみなのです。

目力をつける魔法 No.16

仏像と、目を合わそう。

仏像だけでなく、あらゆるものに、目があります。

あらゆるものに、目を感じることです。

あらゆるものに目を感じることができれば、あらゆるものと、目を合わすことができます。

樹や、風や、水や、空や、雲や、星と、目を合わせることができるのです。

その時、あなたの目は、輝いているのです。

いい絵は目力がある。

ticket No.17

私は父親に絵を習っていました。
父親は人物画を描きます。
私は人物画の中でも女性画しか描きません。
絵で一番むずかしいところは、目です。
目が生きるか死ぬかで、その絵全体の生きるか死ぬかが決まります。
目を描く一瞬は、画家が一番集中する瞬間です。
人に出会う時も、目が勝負です。
人物画を描く時に、目が成功すれば、ほかは少々失敗しても大丈夫です。
ほかがどんなにきれいに描けても、目をしくじってしまうと、力のない絵になってしまうのです。
絵を見に行く時は、目をよく見ることです。
名画は目の力が強いのです。

名画の目を見よう。

目力を
つける魔法
No.17

ticket No.18

実物を見るよりも、想像の中の絵を見るほうが、はるかに楽しく、はるかに怖い。

手品を見ていると、「なんで今あったものがなくなったの」「なんでこれが浮いているの」と思います。

その時、言葉をなくすのです。

「なんで」と言いながら、目は輝いて、少し笑っています。

手品を見て怒る人はいません。

自分の想像と違うことが起こっているのに、笑っているのです。

普通、人間は「なんで」と言う時は怒っています。

「なんで」と言いながら笑っているのが、手品の面白さです。

手品を楽しめるのは、こうなるだろうと予測をしていたからです。

実際に目で見るよりも、自分の想像の中でつくった絵を見るほうが、はるかに楽しく、はるかに怖いのです。

ＡＶをＤＶＤで見るよりも、官能小説を読んだほうがよりエロティックです。

それは自分で映像をつくり上げているからです。

怪談も、映像化された実写版で見るよりも、語りで聞いたり本で読むほうがはるかに怖いのです。

想像している映像を、見つめよう。

目力をつける魔法
No. 18

驚いた時に、目は輝く。

ticket No.19

手品を見る時は、トリックでだまされているのに、見る人の目は輝いています。

手品を見る子供の目の輝きを見て、手品師はハマるのです。

手品師を一生続けようと思うのは、だまされる人の目が輝くからです。

「エッ、なんで」とびっくりしている時の目は、チャーミングです。

オードリー・ヘップバーンの目の魅力は、びっくりして目がパチパチパチパチッとまばたくところです。

その時に最もかわいい目になるのです。

バンビの目も、びっくりした時にまばたきます。

何かに出会った時に、好奇心の目、驚きの目、感動の目になるのです。

感動よりも前に驚きがあります。
驚いた時に、人間はとてもいい表情をするのです。

びっくりしよう。

目力をつける魔法
No.19

目の魅力は、歳をとらない。

ticket No.20

アンチエイジング的に若いと思われる人は、目の印象が強いのです。

リフトアップ（年齢による肌のたるみ、表情筋の衰えを引き締め、上に持ち上げること）して目尻を上げるとか、シワのあるなしということではありません。

目の魅力は歳をとらないのです。

オードリー・ヘップバーンは、63歳で亡くなりました。

亡くなる直前に、私のところに「オードリー・ヘップバーンが歳をとった」というテーマで記事を書いてほしいという依頼が来ました。

私は断りました。

そして、「オードリー・ヘップバーンは歳をとらないというテーマなら書く」と言いました。

オードリー・ヘップバーンは、63歳の時に、魔法使いのおばあさんのようにほうきを持ってお庭を掃除している写真をパパラッチに撮られました。

その写真が流れた時に、私は、彼女はちっとも変わらない、『ローマの休日』と同じ目をしていると思いました。

目が若いと、いつまでも若くいられます。

逆に、若くても目だけが老化することもあるのです。

近視を治すことはできますが、目をキラキラさせたり、目に表情をつけるのはなかなかむずかしいことです。

たとえば、すごい美人なのに整形に感じる人がいます。

ひょっとしたら、その人はもともと持って生まれた遺伝子的に美人なのかもしれないのに、「整形っぽいよね」と言われる気の毒な人がいるのです。

声に出して言えないので、みんな黙っています。

でも、心の中で「整形っぽいよね」と思っている人の10人に1人は整形ではなく、持って生まれた美人なのです。

それは不幸なことです。

顔立ちがそんなに整っていなければ、整形とは言われません。

実は、そういう人は目が死んでいるのです。

目を生き生きさせることは、それ以外の顔のパーツの整形をするよりも、はるかに若くきれいに見せられます。

そうすれば、アンチエイジングで永遠に若々しさを保つことができるのです。

目を輝かせることで、若々しくしよう。

目力をつける魔法
No. 20

ticket
No.21

初めて会った時、それは初めて目が合った瞬間。

初めて目の合った瞬間が、初めて会った時の印象になります。

初めて見た時ではないのです。

目線が合わなくて、チラチラ見ている瞬間もあります。

でも、**記憶の中で相手と初めて会った時の印象は、目が合った瞬間の光景として覚えている**のです。

それより前に会ったことが「初めて会った時」として認定されていないのは、片方から片方へと一方的にしか見ていないからです。

それはすれ違いとして心の歴史にカウントされます。

今までつきあってきた人と初めて会った時の光景を思い浮かべると、それは必ず目が合った瞬間です。
目が合わなくてつきあいはじめることはありません。
つきあっても何かギクシャクして、いまいち恋愛に発展しないことがあります。
それは目の合うタイミングがないままつきあいはじめてしまったからなのです。

初めて目が合った瞬間を、覚えておこう。

目力をつける魔法
No.21

ticket No.22

まぶたの力を抜くことで、まつげが長く見える。

ボールルーム・ダンスをすると、力が抜けてトロンとした目になります。

それは遠くをふっと見ている目です。

特に、女性はまつげが長く見えます。

それはまぶたの力が抜けているからです。

頭を傾けるとまぶたが閉じるお人形さんと同じ現象が起こるのです。

力が入っているから、まぶたは持ち上がるのです。

まぶたの力を抜くと、半目になります。

手術して二重まぶたにするのもひとつの方法です。

それだけではなく、**まぶたの力を緩めるだけで誰でも二重まぶたになる**のです。

ギュッと力を入れて二重まぶたをつくろうとしてはいけません。

にらめばにらむほど一重になっていきます。


体幹に力を集中すると、まぶたの力は抜けます。


体の外側の筋肉に力を入れれば入れるほど、体の内側の力は抜けていきます。

これを続けていくと、どんどんメタボリックになってしまうのです。

ダンスの世界には、食べても食べても太らない人が多いのです。

体幹の筋肉を使っているので、外側の筋肉はやわらかいのです。

ダンスは柔軟でなければ動けません。

でも、体の内側はとてつもない筋肉を持っているのです。そうすると、外側のまぶたの力が抜けていきます。

お人形さんのようなムダな力の抜けたまつげになって、重力の方向に傾いていくのです。

でも、それは死んだ目ではなく、ちゃんとキラキラした目です。

それが陶酔している時の目なのです。

何かに、夢中になっている時、あなたのまぶたの力は抜けています。
そして、まつげが、最も長くなっているのです。
まぶたに、ムダな力が入ると、まつげが縮んでしまいます。
まぶたの感触を感じて、まつげに風を感じる時、目がキラキラします。

まぶたの力を抜こう。

目力をつける魔法
No.22

キレイなものを、たくさん見る。

ticket No.23

キラキラ目になるためには、美しい景色・美しい美術品・美しい人・美しい服など、美しいものをたくさん見ることです。

見るだけではなく、美しい音楽や物語や映画も含めて、すべての美しいものに接することが大切です。

美しくないもの、むごたらしいものを見ていると、猜疑心が目に出てきます。

「この人は私をだまそうとしているのではないか」という目で物事を見はじめると、ギスギスした目になるのです。

美しいものにめぐり会うと、一見普通のものの中にも美しさを見つけることができます。

本当は誰しもきれいなものを見たいと思っています。

ところが、週刊誌のグチ・悪口・ウワサ話ばかり読んでいると、むごたらしいもの、汚いものを見たがるようになるのです。

いい話を読んで感動して涙が出ると、目に潤いが出て、キラキラ目になります。

素直な輝く目も、汚いものを見ていると、だんだんよどんでいってしまいます。

汚いものをたくさん見ている人ほど、美しいものを積極的に見ることです。

そうすれば、美しいものを信じられるようになるのです。

一見普通のものの中に、美しさを見つけよう。

目力をつける魔法
No.23

遠くの景色を見る。

ticket No.24

目のピントは、近くでも遠くでも合うようにできています。

ところが、今はどうしてもピントが近くにしか合わなくなっています。

だから近眼が増えるのです。

昔は、ＴＶを3メートルとか5メートル離れて見るように言われていました。

今は、パソコンやケイタイを平気で近い距離で見ています。

遠くの景色を見る習慣がどんどんなくなっているのです。

ＴＶやパソコンのモニターで海や山の景色を見ても、それはたかだか30センチ前の景色でしかありません。


実際のリアルな遠くの景色を見ることは、キラキラ目になるために必要な栄養素

です。

遠くの景色を見ると、必然的に自然の景色になります。
人工の景色はどうしても近くのものになります。
近くのものばかり見ていると、人工の景色ばかり見ることになるのです。
近くのものは、意識しなくても日常生活の身のまわりにたくさんあります。
遠くの景色は、意識して自分の生活習慣の中に取り入れる必要があります。
そうしないと、遠くの景色をしばらく見ていないことにすら気づかないのです。
実際、バーチャルの遠くの景色はあなたの身のまわりにたくさんあります。
それで見ているつもりになることが危ないのです。
バーチャルでない、リアルの遠くの景色を見ることが大切なのです。

目力をつける魔法
No.24

遠くの海や山を見よう。

ticket No.25

絵を味わう時は、離れて見る。

美術館で絵を見る時に、ほとんどの人が絵の前に寄っていきます。

タイトルが小さい字で書いてあるので、それを読まないと落ち着かないのです。

でも、絵とタイトルとは関係ありません。

ひとつの展覧会の中で、お気に入りの絵が1枚見つかればいいのです。

混んでいるところは、人だかりで人の後頭部しか見えません。その絵はパスして、どんどん歩いていきます。どんなに広いところでも早足で10分ぐらいで駆け抜けます。

印象に残った絵があれば、ガードマンさんの目を盗んで、順路と逆行して後ろへ戻って、「これだな」と決めます。

本当に絵の好きな人は、絵に近づきません。近づいてもわからないのです。

絵具がこんもり盛り上がって塗ってあるのを確認しても、「だから何？」という感じです。

ＴＶに寄っていって見る人がいないのと同じです。

絵は離れて見た時に本当のよさがわかるのです。

画家は常に離れたところから絵を見ています。

大作を描いている時でも、小さな作品を描いている時でも、色はもちろん前に行って塗らなければなりませんが、ひとつ塗っては後ろへ下がり、ひとつ塗っては後ろへ下がりして描いているのです。

実は、長い筆があったら後ろに立ったまま描きたいぐらいなのが画家の心理です。

ところが、絵を見ている人は、なぜか前へ前へ行ってしまいます。

それはすべてにおいて間違ったモノの見方なのです。

絵を、離れて見よう。

目力をつける魔法

No.25

たっぷり睡眠で、目覚めのいい目をしよう。

ticket No.26

一流のホテルかどうかは、朝ホテルマンの目が覚めているかどうかでわかります。

二流のホテルに行くと、眠そうな顔で働いています。

はれぼったい目で、まだ目があいていない状態です。

日本人のお客様と外国人のお客様とが朝ごはんを食べに来ているところを見ると、表情が全然違います。

外国人のほうがはるかに朝は元気です。

外国人は朝が強いということもありますが、根本的な原因はほとんどの人が目が乾いていて、つぶったまま来ているのです。

目があいていないと、眠そうに見えるのです。

ドライアイの罹患率は、アメリカ人とアジアの人とを見ると、日本人が圧倒的に高いそうです。

オフィスワーカーのうちの3割～6割、60歳以上の男性の6割がドライアイと言われています。

日本人は電車の中で寝る人が多いです。

これは、目が乾いているからとりあえず目を閉じておこうとセルフガードしているのです。

私が朝、目を覚ます方法は、水を飲むのと目薬をさすことです。

二度寝をしてしまうのは、目が乾いてあかないから閉じて起きようとするからです。

体を立てようとしますが、目があかないものだからもう1回寝てしまうのです。

普通は、朝起きた瞬間にワッと涙が出て目がパッと開きます。

ドライアイの人は、目薬がない限りは目があけられません。

私はベッドサイドに目薬を置いています。

寝る前にまずさして、朝起きた時にもさします。

目力をつける魔法 No.26

たっぷり睡眠をとろう。

私はレーシック（レーザー治療を用いた視力回復方法）のおかげでドライアイを意識するようになりました。

日本人がこれだけドライアイが多いと言われながら、自覚のないところがヤバいのです。

自覚する人が多ければいいのです。

たいていの人は「目がクシャクシャするけれども疲れているのかな」ぐらいにしか感じていません。

今は「ドライアイ」という言葉が大分認知されてきましたが、それでもわかっていない人が多いのです。

目の輝きが、チャンスをつかむ。

ticket No.27

乾きや潤いを意識することは、アンチエイジングのひとつです。

私はホテルのサービスマンの研修をしています。

「おはようございます」という朝の挨拶でも、サービスマンはお客様より元気な顔をしなければならないのに、ムッとした顔に見える人がいます。

本人は全然ムッとしていないのに、目が乾いて閉じているからそう見えるのです。

サービスマンとしては失格です。

先日、私はテキサスから来た外国人の旅行者の夫婦にホテルマンと間違われて話しかけられました。ホテルマンにしては派手なシャツを着ているのに、どこに行ってもホテルマンと間違われます。

目の潤いや目の輝きはとても大切なのです。
仕事を任せる時でも、「彼の目の輝きを見て決めた」という表現をします。
目が乾いている人はチャンスを逃します。
若い時は目が十分濡れています。
歳をとってくると目が濡れないので輝きがなくなります。
それは目薬を1滴さしただけで、もとに戻ります。
「1日に何回目薬をさしますか」と聞かれても、わかりません。
起きた時と寝る前は必ずさします。
ふだんはポケットに入れて、気がついた時に何回でもさします。
顔を洗うと微量の水が目の中に入り、目のまわりの湿度も高まります。
顔を洗うだけでも潤いはかなり違ってくるのです。

目の輝きで、チャンスをつかもう。

目力を
つける魔法
No.27

ticket No.28

ノドが渇く前に、目が乾いている。

水をたくさん飲んで体の中の水の量を増やすこともドライアイには効果的です。
ホテルの部屋は空気が乾いています。
そういう場合は加湿器を入れてもらうといいです。
私は、目が乾いている時は、体全体が乾いている目印として把握します。
犬はノドが渇くという自覚症状がないので、人間が飲ませてあげなければなりません。
人間はノドが渇くという自覚症状があります。
本当はノドが渇く前に水分をとるほうがいいのです。
自分で計算して、ドライ気味なら仕事の前に目薬をさすということも必要です。

今はエビアンのスプレーができました。

飛行機のアメニティの中にも目薬を入れてほしいのですが、医薬品はなかなか配りにくいそうです。

薬局に行くと、目薬コーナーが大きく展開されています。

今は目を酷使する時代です。

80歳のおばあさんが携帯端末を使うようになりました。

これもドライアイの原因です。

人類が陸上生活をはじめた時に近いぐらい、今は、目の乾燥状態が起きているのです。

外側からのストレスもかかっています。

部屋がエアコンで乾燥していたり、シックハウスシンドロームのようにホルムアルデヒドや、副流煙も問題になっています。

たばこの煙でも目は炎症するのです。

目の健康を考える時のひとつの視点として、ドライアイの自己分析はとてもいい

キッカケです。

虫歯になると体の調子が悪いとか、腰痛もどこかが悪い危険信号という感じで、自分の中で物差しを持っておけばいいのです。

目力をつける魔法 No.28

目とノドが乾く前に、水分を補給しよう。

Part 2

目力上手に、なろう

ticket
No.29
to
No.50

ticket No.29

まばたきが多いと、説得力がなくなる。

話している時に、まばたきの多い人がいます。ひとつは緊張しているからです。相手には、「なんでこの人は緊張しているんだろう。ひょっとしたらウソをついているのではないか」と思われて、説得力がなくなります。

緊張すると目が乾くので、まばたきで水分補給するのです。

緊張しすぎて力みすぎることで、まばたきが増えてしまいます。

自分のまばたきがどれだけ多いかということに、本人は気づかないのです。

相手を説得する時は、目薬などで目を潤ませておいて、まばたきの回数を減らしておいたほうが説得力が出ます。

まばたきをした瞬間に、相手の緊張度がとけるのです。

お芝居をやっている人は、ココ一番の芝居の時にはまばたきしないようにします。

特に新劇から来ている人は、まばたきをどこでやるかまで全部計算されていて、勝手にまばたきできないのです。

写真を撮る時に目をつぶる人は、力みすぎています。

力んでいるので目がよけい乾いて、まばたきしてしまうのです。

カメラマンも、なかなかシャッターを押しません。

ずっと目をつぶらずに踏ん張っていたのに、押した瞬間にちょうどつぶってしまうのです。

カメラマンが構えて撮るまでには、まだ2〜3秒あります。

そこでそんなに目に力を入れてはいけません。

逆に言えば、カメラマンが構える前にまばたきをしておけばいいのです。

話しながら、まばたきをしすぎない。

目力をつける魔法
No.29

ticket No.30

目薬を、メイク道具にする。

アンチエイジングの観点で言えば、歳をとると水分がだんだん少なくなって、体中がかさかさになります。

歳をとると涙も減るので、すべての人がドライアイになります。

女性は肌の乾燥にはとても敏感です。

保湿したり、叩いたりして一生懸命ケアします。

でも、目薬をさしたり、自分がドライアイかどうかのチェックや対策をしている人は少ないです。

人に会った時にまず見るのは顔の皮膚ではなく、目です。

レーシックをすると0・9ミリ目があきます。

これによる印象の差はとても大きいです。

肌よりも、点眼して目がパッチリあくかどうかで印象が変わります。

アイシャドウやまつげのメイクを一生懸命していても、目があいていなければよけいにはれぼったく見えます。

アイメイクをするのと同じように、目薬をさすだけで全然違います。

「目が潤んでいる」というのは美人の表現のひとつです。目が濡れているとキラキラ感が出ます。

目薬をメイク道具のように持てばいいのです。

ドライアイのひどい人は自覚症状があり、目があけられなくなると痛くて病院に行きます。

そういう人はほうっておいても大丈夫です。

自覚症状もなく、医者に行かなくてもなんとかなると思っている人のほうが心配です。

私はヒアルロン酸入りの目薬を持ち歩いています。

カバンにも、ポケットにも入れています。

写真撮影でフラッシュを浴びたり、ドラマでは役者は必要以上にまばたきしてはいけないのです。

スポーツマンと役者はまばたきをあまりできません。

ところが、ニュースキャスターはまばたきが多いです。

1分間に60回とも言われています。

原稿を読む時は凝視しますが、その代わりに目をそらした時にまばたきを繰り返します。

役者さんはあまりまばたきをすると集中力が途切れます。

長ゼリフで相手を説得する時に、まず手前のところで息継ぎのように1回まばたきをしておいて、ずっと目はあけたままです。

まばたきは少なければいいというものではありません。

適正なまばたきの回数というものがひとつのメッセージとしてあります。

普通は1分間に20回程度です。

まばたきが多い人は落ちつきがなく、下心があると思われたりします。

目薬で、目の水分補給をしよう。

目力を
つける魔法
No.30

ticket No.31

相手の目を見ることで、落ち着ける。

人と会うことは、ドキドキすることです。

ドキドキするから、うつむいたり、目をそらしてしまいます。そうすると、本来あなたの持っているよさやオーラが相手に伝わらないので、損なのです。

そうならないためには、アイコンタクトをします。

相手の目を見ることができたら、かなり余裕があります。

でも、ずっと相手の目を見続けることはむずかしいのです。

実は、相手の目を見るのは10割の時間でなくてもいいのです。

3割の時間でも、相手は見られているという気がします。

いつ見ているかが大切です。

挨拶している間は相手の全体像を見ています。でも、最後の10分の1の時間で相手と一瞬目が合えば、相手は見られていたという意識になるのです。

緊張して相手の目を見られない時は、もう少し目線をおろします。

目線を相手の鼻ぐらいに持っていくと、目に当たるのです。

目線はそんなにピンポイントではありません。

相手の鼻や口、胸までおろしても、相手の目に当たります。

特に、女性の視野は男性に比べてはるかに広いのです。

男性は、女性の視野の何分の1しかありません。

男性は、胸を見たら胸しか見ていないという顔のアングルになります。

女性は、少々目線をずらしても、相手はちゃんと見られているという意識になるのです。

不安な時は、相手の目を見よう。

目力をつける魔法
No.31

ticket No.32

大ぜいと話す時は、一人ひとりの目を見ると、伝わる。

「大ぜいの前でスピーチをするのは苦手」と言う人がいます。

相手がひとりなら話せるのに、10人、100人、1000人になったら、ドキドキして話せないと言うのです。

本当は、ひとりに向かって話ができれば、それが、100人、1000人になろうと、その一人ひとりに目線を合わせればいいのです。

ところが、「ひとりなら話ができるのに」という人は、10人いると目線をどこに合わせていいかわからなくなるのです。

結局、10人全体の平均値のような、誰もいない壁に向かって話をします。

そうすると、話している側も落ちつきません。

話している側が一番落ちつくのは、相手の目を確認する時です。今自分の話していることがどれぐらい相手に通じているか、モニタリングできるからです。

そうすれば、キャッチボールと同じで、安心してコミュニケーションのやりとりができます。

人数が増えると、つい誰ひとりとも目線の合わないまま話してしまいがちです。だからあがってしまうのです。

大ぜいいても、その一人ひとりと目を合わせる余裕があれば、大ぜいの前で話すのが苦手ではなくなるのです。

大ぜいを相手に話す時でも、一人ひとりの目を見よう。

目力をつける魔法
No.32

ticket No.33

挨拶は、口ではなく、目で伝わる。

普通は、「こんにちは」「おはようございます」「お先に失礼します」「お疲れ様でした」と声を出すことで挨拶をしているつもりになっています。

でも、挨拶は声だけでするものではありません。

逆に、声を出さずに目で挨拶できるようになると、あなたの目力は強くなります。

言葉を話すようになる前は、人間は目でコミュニケーションをとっていました。

忍者も目配せで合図をしています。

ところが、言葉を獲得した時点で、人間は言葉に頼るようになりました。

そして、目が本来持っていたコミュニケーション能力を放棄して、退化させてしまったのです。

目が生き生きしている人は、原始的な、目でするコミュニケーションができます。

サービス業では、たとえばお客様がいらした時に大声で「いらっしゃいませ。○○様」と言うホテルは二流です。

一流のホテルは、何も言わなくても、目だけでちゃんと「いらっしゃいませ。○○様」ということをお客様に伝えられるのです。

日常生活においても、目で何かを伝えたり、目で挨拶することは大切です。

口で言葉を発することで挨拶したつもりになることが、一番危険なのです。

挨拶を、声を出さずに、目でしよう。

目力をつける魔法
No.33

ticket No.34

挨拶をしたあと、すぐ目がそれると、印象が悪くなる。

挨拶で相手の印象に一番残るのは、目です。

目力の弱い人は、挨拶したあとに目がそれています。

相手を全然見ていないわけではありません。

相手を見て挨拶をしなさいと教わっているので、ちゃんと相手を見て挨拶しています。ところが、挨拶し終わったあとに、相手に目が戻らないで、そのままどこかを向いているのです。

挨拶をされたほうは、挨拶されたあと相手を見ます。

その時、相手の目がそれていると、印象が悪くなります。

逆に、挨拶する前は見なくてもいいのです。

まず、声をかけて挨拶します。

相手が見たら、その時に目線を相手に送るという流れにすればいいのです。

相手を見ないで挨拶することはありません。相手を見て挨拶して、相手の目線が来たのを確認します。そこでもう一回、言葉ではなく目で挨拶します。

つまり、言葉のあとに目の挨拶が続くのです。

言葉と目の挨拶を同時にしようとすると、どうしても目の挨拶のほうが先に終了してしまいます。相手があなたを見た時には、目がそれているのです。

アジアで買物をすると、それがよく起こりがちです。

感じの悪いショップは、店員が「どうもありがとうございました」と言って、横を向くのです。商品を渡して、頭は下げています。

でも、気持ちは次のお客様に行ってしまっているのです。

挨拶し終えた時に、目から先に逃げない。

目力をつける魔法
No.34

ticket No.35

全員にまとめて挨拶をすると、印象が悪くなる。

大ぜいで仕事をして帰る時に、みんなにまとめて「お疲れ様でした」と挨拶する人は売れません。

タレントで売れていく人は、一人ひとりに向かってちゃんと挨拶して帰ります。

5人いたら5回挨拶するということではありません。

1回の挨拶で、5人のスタッフ一人ひとりの目に0・1秒ずつ目を合わせているのです。

これは意識の問題です。

仕事をしているから目を合わせられないということはありません。

こちらが目線を合わせようと思えば、目から必ず何かが出ているのです。

作業中の人でも、その挨拶は感じられます。
これは目力では大切な考え方なのです。

挨拶は、一人ひとりに目を合わせてしよう。

目力をつける魔法
No.35

ticket No.36

一点を凝視しすぎると、目力は弱くなる。

目に力を入れはじめると、どうしても一点を凝視してしまいがちです。

実は、一点を凝視している目は強くないのです。

それよりも、全体を見ることです。

見たいポイントを、点にしないで円にします。

その円を見ていると、透き通った、相手を貫いていく目になります。

仏様の光背の丸い円を見るような目で見ると、相手は見つめられているという感じがします。

目線で相手を貫いた時に、初めて持っていかれたり、引き込まれたりするのです。

相手にギリギリいっぱい届くか届かないかの距離では、手前でストンとワンバウンドして落ちてしまいます。

ですから、もっと後ろを狙わなければなりません。

ピッチャーが狙う方向は、キャッチャーのミットです。

でも、距離はバックネットを狙います。

そうでなければ強いボールは投げられないのです。

空手の上段で相手の顔面を狙う時も、方向は顔面です。

でも、距離は顔面では届きません。

距離が顔面では、パンチが当たっても顔面でとまっているのと同じです。

それではパワーが相手に伝わらないのです。

距離感は、相手の後頭部に突き抜けるつもりで打ちます。

相手の頭蓋骨を突き抜けて、向こう側に自分の腕が出るつもりで打てば、相手に打撃を与える力が出るのです。

目線も、相手を貫かなければなりません。

そのためには、一点だけに力を入れるのではなく、相手の後ろにある円に向かって全体を見るのです。

今見ている目線の点がモニターに出る機械があります。

それを画家につけると、端ばかり見ています。

真ん中は全然見ていません。

記憶力のいい人やスポーツ選手も同じです。

真ん中に集中しないで全体を見ていると、あらゆることに臨機応変に対応できるのです。


一点を見ずに、全体を見よう。

目力をつける魔法
No. 36

聞き手は、話し手の口ではなく、目を見ている。

ticket No.37

面接では、「面接官とアイコンタクトしましょう」と言われます。

でも、面接官が大ぜいいいたらお手上げです。

誰を見ればいいいかわからなくなるのです。

実は、聞く側は耳で聞いているのではなく、目で聞いています。

話し手の口を見ているのではなく、目を見ているのです。

耳の不自由な人も、手話の手ではなく目を見ています。

実は、手話が上手で手で言葉を表現することに慣れている人は、案外通じません。

手話を覚えたての人は、ボキャブラリーの数が少ないので、足りない分を表情や目で一生懸命伝えようとします。

そのほうがよく伝わるのです。

これはすべてのコミュニケーションの原則です。

言葉は流ちょうでも信用できないセールスマンがいます。

お客様はセールスマンの目を見ています。

目で何も訴えずに淡々と棒読みしているセールスマンは、お客様に「マニュアルだな」とか「キャッチセールだな」と思われてしまうのです。

目力をつける魔法
No.37

目を見られていると、意識しよう。

相手の話を映像にして、その絵を見つめる。

ticket No.38

目の魅力的な女性は、想像力が豊かです。

目で見ている景色には、

①実物の景色

②想像上の景色

の2通りがあります。

たとえば、怪談を聞く時、人は目の前の景色を見ていません。

その怪談で語られている古い学校を見ています。

それを見ながら、どうなるの、どうなるのとドキドキしながら話を聞いているのです。

その視力があるかどうかです。

人の話を聞いて、それを映像に置きかえます。

その映像をずっと追いかけて見つめる力があるかないかで、あなたの目の魅力、輝きが決まるのです。

話し手は、相手にただ言葉を伝えているだけではありません。

まず自分の中で映像をつくります。

その映像を言葉に置きかえて、相手にインストールするのです。

相手がなかなかそれを受け入れてくれないこともあります。

言葉から映像に置きかえられない人がいるのです。

「この人、話が通じてない」と感じるのは、そういう時です。

たとえば、学校の怪談を聞いている時は、あたかもそこに古い廃校になった校舎や夜の音楽室を見ているような目になっています。

それを思い浮かべられない人は、目の前の景色しか見ていないのです。

稲川淳二さんの話が面白いのは、想像上の景色をリアルに見ながら話しているからです。

実は稲川さんは相手を見て話していないのです。

顔も目も完全に震えています。

だから引き込まれていくのです。

相手を見て話すだけでは、生き生きした目になりません。

自分の思い浮かべた絵をリアルに見て話せる人は、相手を話に引き込む力を持っているのです。

「想像上の映像」を見る視力を鍛えよう。

目力をつける魔法
No.38

ticket
No.39

手よりも、足よりも、目で男性を口説く。

目は手と同じくらいの「触覚」を持っています。

特に男性の場合は、目でさわられるとそれだけで口説かれてしまいます。


クラブで、Aさん、Bさん、Cさんという3人の男性のお客様がいます。

AさんとBさんとの間にクラブの女性が入ります。

その反対側にCさんが座っています。

クラブの売れっ子の女性は、Aさん、Bさん、Cさんを一撃三殺できる力を持っているのです。


AさんとBさんの間にそのまま座って、「どうも初めまして。こんにちは」と言うだけでは誰も殺せません。

まず、ドーンともたれていって、Aさんの腕にしがみつきます。
足はBさんに当たっています。
この時、Aさん、Bさんのどちらもドキッとします。
2人とも「こいつ、オレに気があるな」と思います。
その時に、目線がCさんにいくのです。
ここで一番参っているのは、Cさんです。
何も当たっていないし、しかも距離的にも離れています。
それでも、目線でさわられたCさんがコロリと参ってしまうのです。
それぐらい目の力は強いのです。
手や足と同じように、目を使わないのはもったいないのです。

目で相手を、包み込もう。

目力をつける魔法
No.39

男性は、パーツではなく、全体の雰囲気を見ている。

ticket No.40

立っている時は、誰でも意識して姿勢をよくしようとします。

座っている時にどうしているかで差が出るのです。

座った時に首が伸びていると、全体に「いい女」に見えます。

パーツだけ見ると、ほかの女性のほうが美人です。

ところが、**首を伸ばして座っている姿だけで、全体の雰囲気としていい感じ**だなと男性はだまされるのです。

実は、男性は目が悪いので、パーツではなくなんとなくの全体の雰囲気でしか見ていません。

記憶力もきわめて鈍いので、「かわいかった」という記憶だけが残るのです。

クラブで指名する男性は、「あの子がかわいかったから」という理由で指名します。

ところが、ひどい話、別の女性が行っても気づかないのです。

顔を覚えていないからです。

「すごいかわいい子がいるから、行きましょう」と言って、お店でその女性を指名します。

でも、その女性が来た時にキョトンとしているのです。

「覚えてないでしょう」と言うと、「覚えていない。でも、かわいいでしょう」と言うのです。

自分が勝手につくり上げた世界で物事を見るのが男性です。

そこでの印象は全体の雰囲気です。**実は全体の雰囲気は目がつくっているのです。**

目が違うのです。

首を伸ばそう。

目力をつける魔法 No.40

ticket No.41

太古、人間は、目で話していた。

私はミスインターナショナルで世界のミスを見ています。

ホームパーティーなどで日常的な話をすると、**アフリカや中南米のミスは目力もキラキラ感も全然違います**。

最初は肌が黒いから逆に白い部分の目が目立つのかなと思っていました。

そうではなく、根本的に目力が違うのです。

彼女たちにはとても生き生きしたものを感じます。

英語やフランス語はそんなにうまくありません。

私もそんなに流ちょうではありません。

それでも通じる何かを感じさせるのです。

目力をつける魔法
No. 41

言葉の通じない国の人と、目で話そう。

アフリカや中南米の人は、目をコミュニケーションに使っているのです。
いかに先進国の人間が口やメールに頼っているかということです。
ミスエジプトの目は壁画のようです。
ツタンカーメンには、蝶々のような目が描いてあります。
それはデフォルメではなく、実際にそういう目をしているのです。
当時のエジプトの王様や王女様には目力があったのです。
目力のある人が王様や王女様になっていくのです。

目の大小ではなく、目力があるかどうかだ。

ticket No.42

最近、特に日本人の女性の目力は弱くなっています。

東京と大阪の女性を比べると、大阪のほうが目力は強いです。

目力の強さが、意気込みや姿勢の差になります。

目力が弱いと、「死んだ魚の目」という表現があるように、どよーんとして気力を感じないのです。

誰でも、アイシャドー、眉の形、ブローなど、メイクは一生懸命しています。

でも、根本的な目線の使い方がわかっていないのです。

見られた時に目をそらす人は、目力が弱いのです。

それは日本の男性も女性も共通です。

目力を
つける魔法
No. 42

目を大きくするより、目力をつけよう。

男性は、女性より目力は弱いのです。
女性が男性のように目力が弱くなってはいけません。
私の妹は、目が小さいくせに目力は強いのです。
誰でも「目が大きくなりたい」と言います。
でも、目の大きい小さいよりも、目力があるかどうかのほうがより大切です。
黒目を大きくするために、わざわざカラーコンタクトをしている女性もいます。
でも、目力は相変わらず弱いままなのです。

ticket No.43

目が乾いていると、やる気がないと勘違いされる。

私は人に会う仕事をしています。

ホテルマンも研修しているのに、眠そうな顔で朝ごはんを食べには行けません。

本当は眠いのに目だけ起こしていると、「朝からいつも元気そうですね」と言われます。

目薬で目があくので、裏技として使えるのです。

「朝は弱い」と勘違いすると、自分に対してネガティブイメージを持ってしまいます。

目が乾いているだけなのに、朝が弱いという大きい否定になるのです。

「朝が弱いヤツはダメだ」「ヤル気がない」というのは全人格の否定です。

朝起きられないと、自分の意思が弱いダメ人間のように思いがちです。ただ目が乾いているだけの問題です。

そこを変えるだけで、「自分は朝は弱くなかったんだ」と思うと、自分に自信が持てるのです。

勉強を嫌いになる子も「おまえは頭が悪いんだ」と言われると全否定になります。

たまたま出会った先生とそりが合わなかったという瑣《さ》末な問題だったりするのに、全否定して多くのチャンスを失ってしまったらもったいないです。

緊張するとノドが渇くのと同じで、目も乾きます。

ニュースキャスターも、目が乾くからまばたきするのです。

ニュースキャスターの人はまばたきに注意を払う必要があります。

ちょっとしたニュースでも、まばたきが多いと視聴者は不安を感じます。

裏を返せば、自信のないことを言う時にまばたきが増えてしまうのです。

まばたきの数をできるだけ減らすために目薬でケアしておくと、自信があるように見えます。

仲よしと将棋をしはじめると、盤面ではなく相手との駆引きになります。
今相手が弱っているかどうかの戦いです。
一流の棋士も同じです。
パソコン相手に将棋をしても強くなりません。
人と戦った時に負けるのです。
これも目薬ひとつで十分ケアできるのです。

朝、イキイキした目でいよう。

目力をつける魔法
No.43

流し目は、目の力を抜くことで、強くなる。

ticket No.44

お芝居の中で、特に女形の人はよく流し目をします。

流し目というと、切れ長で力が強い目に感じます。

でも、決して力を入れているわけではありません。

たとえば、自分のタイプの人に流し目を送る時は、まず顔はその人の反対側に向けます。

そして、目だけギリギリいっぱいぼんやり流して、目の隅っこでタイプの人を見るのです。

実際に女形の人にやってもらうと、目の力が抜けています。

流し目というと、ジロリとにらむような気がしますが、そうではないのです。

実は、目の隅っこで見ていても、相手は見られているという意識になります。

目力の弱い人は、
①完全に目の力が抜けているか
②目に力を入れすぎているか
のどちらかなのです。

力を抜くことで、
目力をつけよう。

目力をつける魔法
No. 44

勘違いの余韻もチャンス。

ticket No.45

美しいものを見た直後の目は、余韻を引きずってうっとりしています。

ここで男性は自分にうっとりしてくれていると勘違いするのです。
この勘違いも使うことです。
近眼の女性の目は、ぼんやりして焦点が定まりません。
これが相手を透視する目になって、相手は引き込まれていきます。
つまり、ペネトレート（貫く）している目と同じになるのです。
ペットショップで動物を買う理由は、
①抱いた
②目が合った

の2通りがあります。

でも、実は勘違いが多いのです。

犬は色盲の上に目が悪いのです。

1メートル以上離れたものは見えないと考えて間違いありません。

その分、嗅覚は人間の1000倍で、耳も猛烈に聞こえるのです。

犬の中でも、目のいい犬と悪い犬とがいます。

人気のチワワは特に目が悪いので、一生懸命見るのです。

だから「なんで私をこんな一生懸命見てくれるの」と勘違いして、「買います」と言うのです。

私も、危ないのでチワワとは目を合わせないようにしています。

一生懸命自分を見ている気がするのは、単に目が悪いからです。

勘違いの力もあるのです。

余韻も勘違いです。

時間が経過すると、余韻は心の引出しにしまわれます。

そのあとで似たような現象や会話が出た時に、何かのキーワードをキッカケに、その引出しからフラッシュバックして出てくるのです。

その瞬間、人はウルウルの目になります。

それをまた相手にうまく勘違いしてもらえるのです。

相手をぼんやり見つめよう。

目力をつける魔法
No.45

見ていない時に、見るのが目力。

ticket No.46

男性が車の運転をして、女性が助手席に乗っています。
運転している男性はもちろん前を向いています。
ここで女性も前を向いていると、何か向こうを向かれているような感じがするのです。
運転席のほうを見て話していたら、相手は見られているという感じがあります。
相手の顔は見えなくても、自分が見られているかどうかはわかるのです。
相手が自分を見ていないから、目線を合わせなくてもいいということではありません。

「相手が見ていない時に、見る」のが目力です。

それは、相手が見ている時に見返すよりももっとインパクトは強いのです。

男性はその時ドキドキしています。

体をひねって見たほうが足もきれいに見えるのです。

男性は信号待ちの時に女性を振り返ります。

その時に女性が自分を見てくれていたら、運転している時にずっと見られている意識になります。

そこでメールチェックしていたら、「なんだこいつ」と寂しい気持ちになるのです。

親子でも、恋人同士でも、上司と部下でも、常に見られているという感じがうれしいのです。

目線は、人を心地よくし、安心させてくれるものです。

「一緒にいて心地いい」と言われる人は、目線を注いであげられる人です。

目線は、光が降り注ぐのと同じ感覚です。

強くなくていいし、ジロリと見る必要もありません。

顔と違う向きのものを見る時に、ジロリとなって白目が見えます。

これは後ろめたいことをやっている時の見方です。
悪いことは何もしていないのに、裏があるように相手に感じとられるのです。

相手が見ていない時に見よう。

目力をつける魔法
No. 46

タクシーに乗ったら、相手の目を見て話そう。

ticket No.47

タクシーの後部座席に女性と2人で乗ることがあります。

その時に女性が前を向いていると、つまらない表情になります。

「じゃ、帰りますか」「今日はごちそうさまでした」という流れで家まで送っていくのです。

そのタクシーの中で前を向かれると、こんなにつまらないことはありません。

私は横を向いて相手を見ています。

でも、相手はまっすぐ前を見ています。

そうすると、何か拒絶されている感じになるのです。

相手はただまっすぐ見ているだけで、別に拒絶しているつもりはありません。

「まっすぐ」は、状況によって、まっすぐにもなるし、そらすことにもなります。

タクシーの中では、前を見るのは目をそらしているのです。

実は、恋に展開するかどうかはタクシーが勝負です。

前に乗ったほうがいいか、あとに乗ったほうがいいかという問題ではありません。

タクシーの中で同乗した人と話す時に、淡々と前を向いているのではなく、相手のほうを見て話すことです。

しかも、顔だけではなく、両方の乳首を相手に向けて話すのです。

そうすれば、そのタクシーでの会話は変わってきます。

恋になるはずの展開を逃さないで、きちんと恋にできるのです。

相手が隣に座っていても、目を見て話そう。

目力をつける魔法
No.47

ウエイターさんの目を見て、話そう。

ticket No.48

レストランで料理を注文する時に、ウエイターさんがメニューを置いて説明してくれます。その時に、目力の弱い人は、ほとんど横で説明しているウエイターさんを見ないでメニューを見ています。

目力をつけたいと思ったら、その時にウエイターさんを見ることです。

目力のある人は、必ずウエイターさんを見ています。

そのほうが理解できるのです。メニューを見てもよくわかりません。

ウエイターさんを見るか、ウエイターさんが説明している料理の映像を見るか、どちらかです。

メニューを見ながら説明するウエイターさんはB級です。

目力を
つける魔法
No.48

料理よりも、ウエイターさんを見よう。

A級のウエイターさんは、お客様の目を見ながら説明しています。

ウエイターさんの目を見ていると、料理の映像がくっきり浮かびます。

自分の食べたい料理のイメージもわいてきます。

料理を持ってきてくれた時も、料理だけにとらわれてはいけません。

それを持ってきてくれた人に、まず「おいしそう」と言うことです。

往々にして、持ってきた人の存在を忘れます。

料理がひとりで歩いてきたり、ロボットがテープレコーダーでメニューを説明しているわけではありません。そんなつもりで聞いてしまうと、目はいらなくなって、どんどん退化してしまいます。

目力のある人は、原始人と同じぐらい目を最大限に活用しているのです。

別れぎわに、目線を相手に残す。

ticket No.49

クラブで隣についた女性が、ほかのお客様の指名を受けて立たなければならないことがあります。

「今日はどうもごちそうさまでした」と挨拶して席を立つ時に、目線をどれだけ残せるかです。

別れぎわの挨拶では、特に目線が大切です。

これはクラブのお客様だけの問題ではありません。

男性は全般的に寂しがり屋です。

別れぎわに挨拶をして、その余韻を味わいたいのです。

余韻のある目が、目力ある目です。

そのためには、体は離れていきながら、目は相手に残します。

ところが、目力の弱い人は、逆に、体は残っているのに、目が離れているのです。

相手はそれを見て、「もう次のお客様を見ている、寂しい」と思います。

ところが、次のお客様のところに行きながらも、目線が自分のところに残っていたら、「もっと自分のところにいたかったんだな」「自分はひょっとしたら好かれているのかな」と感じて、次も指名しようと思うのです。

実はこれは1秒の差です。

次のお客様を見ても、前のお客様を見ても、労力は同じです。

次はどのテーブルというマネジャーの指示があると、往々にして次のお客様のほうばかり見てしまいます。

それを前のお客様が見ていることに気がつかないのです。

相手より長く、目線を残そう。

目力をつける魔法
No. 49

相手を見ながら、椅子に座る。

ticket No.50

私はクラブで働く女性にも、アドバイスをします。

それは、お店で指名をとるとか、ナンバーワンになるためだけではありません。

日常生活の中で、好きな男性に覚えてもらいたい時もまったく同じです。

そのコツは覚えておいたほうがいいのです。

目力のない女性は、お客様に呼ばれて席に座る時に、「どうもこんにちは」とか「お久しぶりです」と言いながら、椅子を見ています。

座る場所を確認して足元を見てから相手を見るのです。

これではいかにも社交辞令でダンドリっぽく感じます。

座る時は、席を確認せずに相手を見たほうがいいのです。

相手を見てそのまま座れば、「自分に会いたがってくれていた」という印象になるのです。

ダンドリで、座ってから隣にいる人に気づくようではいけません。

入ってくるところで相手を見たら、ここでまず相手と目線をつなげておいて、それから座る形にします。

そうすると、座るという行為にもある種のタメができます。

相手を見ながら動いているので、その分だけ女性的な動きになるのです。

座る場所を見ると、「ここあいてますか」という形でドカドカと座って、ああ、ヨッコラショという感じになります。

その動きには緊張感がまったくないのです。

相手を見ながら、動こう。

目力をつける魔法
No.50

Part 3

目力を、鍛えよう。

ticket
No.51
to
No.67

オーラのある目は、ギラギラした目ではなく、キラキラしている。

ticket No.51

目力のある目には、オーラがあります。

その目に引きつけられたり、印象づけられたりします。

がんばって目力をつけようと思って、にらんでしまう人がいます。

「にらむ」と「目力」とは違います。

これは男性によくありがちです。

プレゼンテーションや面接で自分の意気込みを示すために、目に力が入って、ギラギラするのです。

「ギラギラ」は目力ではありません。

本当の目力は、澄んで、輝いて、キラキラした目です。

ギラギラ目よりキラキラ目のほうが、より強いのです。
光っているので、遠くから見てもわかります。
ギラギラした目は気持ち悪いです。
がんばりすぎている人は、ギラギラ目になりがちです。
目力をつけようと思って、眉間にシワを寄せたり、眼圧が急に上がったりします。
でも、それは目力とは言いません。
ここを勘違いしている人が多いのです。
目線をそらさないことと、相手を強く見ることとは違います。
相手を強く見ようとしても、それはキープできません。
目が乾いてきて、まばたきの数が増えていきます。
結局は、目をつぶったり、そらしてしまったりするのです。

「ギラギラ目」になっていないか、気をつけよう。

目力をつける魔法
No.51

夢のある人は、目が違う。

ticket No.52

夢のある人は、目が「キラキラ」しています。

夢の具体化した形をリアルに見て、その映像を実況中継しているのです。

今実際にハッピーか、成功しているかということよりも、あなたが夢を持っているかどうかのほうが大切です。

夢を持つということは、夢を信じて、夢を見られるということです。

視力検査で、左右2・0から0・01まではかります。

同じように、夢を見る視力も2・0から0・01まであるのです。

目のきれいさは、裸眼の視力とは関係ありません。

夢を見る力がどれぐらいあるかで決まるのです。

夢を見る視力は、アフリカの人のように4・0の人もいます。

その人は、まだ起こっていないことをありありと思い浮かべることができます。

その姿をリアルに映像として見ることができるので、まだ起こっていないのにハッピーになれるのです。

「今度ラスベガスに行ってショーをいっぱい見るんです」と言う人は、言った瞬間にまだ見たことのないショーを見ているのです。

「オーは見たのですが、カーというミュージカルはポスターでしか見たことがありません」と言いながら、勝手に想像しています。

どんなにすごいんだろうと、自分の妄想を見ているのです。

見たことだけを思い出すのではなく、まだ見ていないものを思い浮かべる力が目の輝きになるのです。

夢の視力を、鍛えよう。

目力をつける魔法
No.52

ticket No.53

目線を定めることで、集中力がつく。

気持ちが集中しない時は、目線がグラグラしています。

気持ちを集中させるためには、何かポイントを見つけて、まずそれを見ることです。

イチロー選手は、バッターボックスに立つと、バットで一方向を指さしています。

それは、まず**体の方向性を定め、自分の気持ちの縦横のラインを整えている**のです。

たとえば、ジュニアのスポーツ選手の面接では、目線が安定しているかどうかを見ます。

子供の能力はこれからどんどん変わっていくので、実技をやってもわかりません。

ただし、集中力のある子かない子かは明らかにわかります。

話している時に目線がグラグラしている子は伸びません。

集中できないのです。

人が教えている時に、横を向いて「はい、はい」と言ったりします。

オドオドした芝居は、目をキョロキョロさせます。

実際の就職の面接でも、目がオドオドしたりキョロキョロしている人は魅力がありません。

目線が安定してなめらかに動くことが大切なのです。

目線を、安定させよう。

目力をつける魔法
No.53

相手の目を見ない微笑みは、気持ち悪がられる。

ticket No.54

相手に微笑みかけることは、相手に好感を持ってもらうために大切です。
特に、好感や好意を持っている人に対しては一生懸命微笑みかけます。
最も効果的な微笑みは、相手の目を見てする微笑みです。
そこで目線のついてこない人がいるのです。
微笑みの方向性を決めるのは、目です。
微笑みには方向はありません。
あなたがつくった微笑みを誰にプレゼントするかは、目が決めるのです。
相手の目を見ていない微笑みは、気持ちの悪い笑いになります。
オタクっぽい人がニヤニヤ笑っているのは、方向性が定まっていません。

相手を見ないで目をそらして笑っていると、せせら笑い、冷笑、バカにした笑いになるのです。

たとえば、別れぎわの微笑みは、「それではまた」と言ったあとにニコッと笑うことです。

言葉のあとに目線がきて、相手の目線をとらえたあとで、相手の目線にお返しする笑顔なのです。

笑顔をつくる前に、まず相手の目線をとらえることです。

最も冷たい瞬間は、笑顔がとけていく瞬間です。

それを相手に見られてはいけません。

笑顔がとけていく瞬間は、もともと笑っていない人よりも冷たい人に見えます。

「不きげんにさせたかな」とか「この人の裏の顔を見た」と思われるのです。

相手に声をかけて、目線をまずとらえます。

それで笑顔になると、そのあとの目線が効いてきます。

笑顔が目線の補強になるのです。

バックアップとして笑顔を目線につけておくのです。
「私は笑顔で相手を見ています」と言っても、笑顔→目線ではないのです。
タイミングは、「目線」→「笑顔」→「目線」です。
これは、初対面でも前から知っている人に対してでも同じなのです。

目を見て、微笑もう。

目力をつける魔法
No.54

ticket No.55

自分の眼球にではなく、後頭部に目があるつもりで見る。

「あなたの目はどこにありますか」と聞くと、誰もが自分の目玉を指します。

ところが、**目玉で見るとキラキラ目にはなりません。**

キラキラ目になるには、あなたの目の意識を後頭部に持っていきます。

目が疲れた時は、首の後ろの盆の窪（頭と首の境目のくぼみ）をマッサージ師さんに刺激してもらいます。

それは視神経が全部後頭部にきているからです。

実は、目玉はメガネです。

メガネでモノを見ている人はいません。

実は、目は後頭部にあるのです。

後頭部にある目で相手を見ると、距離感が出て、「貫く力」＝「ペネトレート・パワー」のある目になるのです。

銃とライフルとでは、ライフルのほうが的に当てやすいのと同じです。

後頭部の左右といっても、それでは認識しにくいです。

ですから、右肩の上に右目、左肩の上に左目があると考えて相手を見るようにします。

そうすれば、**あごを突き出したり、猫背の姿勢で斜めにモノを見ることがなくなる**のです。

目が耳にあるつもりで、見よう。

目力をつける魔法
No.55

首を縮めない。

ticket No.56

目が最も輝くのは、首を長くしている状態の時です。

その時に目にテンションがきちんときて、最もきれいな位置におさまるのです。

テンションがくるというのは、目に力を入れるのではなく、目に力が入るのです。

目から強いものが出る瞬間です。

首が縮んでくると、目の力はどんどん弱まります。

首を伸ばすためには、胸を張らなければならないし、足元に力を入れなければなりません。

体幹の筋肉にちゃんとテンションを入れないと、首は伸びないのです。

目が弱くなっている時は、首が縮こまっています。

緊張すると、首が縮こまります。
首が縮こまって目がオドオドすることで、ますます緊張度が増すのです。

リラックスしよう。

目力をつける魔法
No.56

ticket No.57

目力は、眉と眉の間を広げることで出る。

目の涼やかな人は、実は目だけがポイントなのではありません。
目の印象は眉と関係があるのです。
眉と眉の間、つまり眉間にシワの寄っている人は、ギスギス目になります。
目に力を入れようとすると、ギラギラ目になります。
力を入れると、どうしても眉間にシワが寄って、眉が寄った状態になるのです。
高貴な人は絶対に眉間にシワが寄りません。
意識としては、眉間をいかに広げるかです。
眉の山を持ち上げる形にすると、眉間は広がります。
そうすると、目がキラキラ輝きます。

眉間にシワを寄せてものを考える習慣の人は、目がどんどんくすんできます。顔は連動しているので、眉間にシワが寄ると、目のキラキラがなくなって、口角が下がって、唇がとがってきます。

そうすると、その人全体から幸せなオーラが出なくなるのです。

眉の山を持ち上げると、眉間のシワが伸びて、目がキラキラして、口角が上がって、自然な微笑みになります。

そうすれば、幸せなオーラが出るのです。大切なことは、目が笑っていることです。

いかにもつくり笑いと感じられる写真は、口は大きく笑っているのに、目が笑っていません。本人は笑っているつもりです。

でも、それは逆に冷たい印象を相手に与えるのです。

口をあけなくとも、目で笑顔をつくることができるのです。

眉間を広げよう。

目力をつける魔法
No. 57

目のくぼみに、目玉を泳がせよう。

ticket No.58

澄んだ目は、目に力が入っていません。

頭蓋骨を見ればわかるように、目には骨がないのです。
骨っぽい目は魅力がありません。
骨がないから、目はしなやかで柔軟でキラキラするのです。
くぼみに目玉が浮いていて、それを6本の筋肉で動かしています。
温泉卵のように目玉がトロトロ浮いている状態にすれば、緊張しないのです。
緊張すると、目からこわばってきます。
たとえば、カラオケで高音部の音を出したい時は、目の力を抜きます。
そうすると、顔全体がこわばらなくなるのです。

逆に、**あごと舌の力を抜くことで、目を緩めることができます。**

歯をかみしめたままでは目の力は抜けません。

だからといって、口をパカッとあけると庶民に見えます。

口を閉じたまま上あごの奥歯を持ち上げると、最も目の力が抜ける形になります。

下あごを下げると、死んだ人の緩みすぎてテンションのない形になります。

体にテンションがありながらリラックスしている状態は、上の奥歯を上に持ち上げた状態です。

そうすると、目が持ち上がります。

歳をとると、重力の法則にしたがって、目がどんどん垂れ下がってきます。

これが老化した顔です。

若々しく見せるためには、上の奥歯を持ち上げます。

そうすると、おでこが上がって、全体に顔がリフトアップするのです。

これで若々しい目、生き生きした目になります。

そのためには目の力を抜くことです。

通常口でするハミングを、だんだん鼻へ持っていきます。

オペラ歌手はほっぺたの力を抜ききっています。

ハミングで顔の上のほうが揺れはじめる時に、上の筋肉が緩んでいる状態になるのです。

力を入れたままハミングはできないのです。

あごと舌の力を抜こう。

目力をつける魔法
No.58

ticket No.59

乳首に目があるつもりで、相手を見よう。

男性は照れ屋が多いので、カウンターが好きです。

それは相手の目を見なくてすむからです。

外国人は、カウンターでも相手のほうを向いて座っています。

本当は、相手の目を見て話したほうが魅力的です。

右の乳首が右目、左の乳首が左目と考えます。

その両方の目で相手を挟んで見ると、相手はすごく見られているような気がするのです。

それで胸も張れます。

乳首に目があるつもりで歩いていると、うつむかなくなります。

ほとんどの人が地面を見て歩いています。

上を向いていても、せいぜい1階のショーウインドウです。

通勤途中の交差点の建物の2階に何があるかと聞かれても、わからないのです。

地面の模様や1階のショーウインドウはわかります。

でも、2階になるとわからないし、「3階なんてありましたっけ」という世界になります。

街を歩く時には、2階を見て歩けるようになることです。

そうすれば、あなたの目力は強くなります。

男性は照れ屋なので、なかなか目線を返してくれません。

それでもあなたは、両方の乳首で相手を見ることが大切なのです。

乳首で、相手を見よう。

目力をつける魔法
No. 59

背中にも目を持つと、前にある目も強くなる。

ticket No.60

ボールルーム・ダンスは、「貴族の目」を持つことのできるダンスです。

貴族の目と庶民の目とは違います。

貴族はきちんと後ろも見ることができます。

別の言い方をすると、背中に目があるのです。

背中に目のある人は、前にある普通の目も澄んだ目になります。

たとえば、オバチャンがいきなり立ちどまったり、いきなり振り返って人とぶつかるのは、後ろに目がないのです。

背中にどれだけ目を持てるかです。

前はほうっておいても見えるのです。

後ろまで見えている目線が強い目線になるのです。

武芸者は、敵に取り囲まれると、前よりも後ろを見ています。

車の運転のうまい人は、バックミラーも使いますが、後ろの気配を常に感じています。

背中にどれだけ気配を感じることができるか、背中側をどれだけ見ることができるかで、目力が決まります。

目線は、一方向ではなく、前後・左右・上下あちこちを立体的に見なければなりません。

前しか見えないと、弱い目線になります。

前後・左右・上下・斜め、あちこちから糸を張りめぐらしているような緊張感のある目線が、最も穏やかで強い目になるのです。

背中にも、目を持とう。

目力をつける魔法
No.60

ticket No.61

相手の後ろの景色を見ることで、目力が相手を貫く。

「アイコンタクトしてください」と言われると、どうしても相手をにらんでしまいます。

にらんでしまうと、相手は目をそらします。

プッシュすると反発が起こるのと同じです。

押したら押し返されるのです。

本人は見つめているつもりです。

でも、それは見つめているのではなく、にらんでいるのです。

「にらむ」よりも、「眺める」に近い感じにします。

眺めるというのは、目で愛するという感じです。

相手の目を見るのではなく、相手を通して後ろの景色まで見るぐらい、目線を遠くに送るのです。

そうすると、相手はあなたに吸い込まれていきます。

目線で相手をペネトレートするように、後ろの景色まで見るのです。

占い師さんの目線は、少し離れたところを見ています。

それは相手を貫いているのです。

画家が肖像画を描く時も、モデルの輪郭とまわりの空気を見ています。

それは、貫いていて、相手の後ろを見ているのです。

見られた相手は、自分が見つめられているという気持ちになって、グーッと引き込まれていきます。

相手の後頭部に向かって、目線のピントを相手の目よりもやや遠くへ持っていきます。

写真を撮られる時も、カメラではなく、カメラの後ろにある景色を見ることです。

そのほうが、いい表情、いい目線、いい目力になるのです。

目力をつける魔法
No.61

相手を見る時、目ではなく、相手の後ろの景色を見よう。

目力のある目に見つめられると、目で、透視されているように感じます。
それは、焦点の合わせ方が、表面ではないからです。
透視するような目の焦点は、相手の後ろの景色に合ってます。
だから、透視できるのです。
相手を目で貫く時、相手はあなたの目で、動かされるのです。
目には、人を運ぶ力もあるのです。

ticket
No.62

相手を見ながら、握手をする。

印象に残る握手は、目力が勝負です。

「初めまして」と言って握手する時に、目力のない女性はほとんど相手の手を見ています。でも、手がどこにあるかわからないということはありません。

特に女性の視野は広いので、相手の手を見なくても握手はできるのです。

相手の目を見ながら握手すると、より何かが伝わる握手になります。

握手は、手ではなく目でするものです。

相手の目を見ながら握手すると、手を離す時も相手の目を見ながら離します。

手を見なければ離せないということはありえません。

自分の手と相手の手がどこにあるかわからないから、手を見ておかないとすれ違ってしまうということはありえないのです。

相手の目を見て、手をフワッと探りながら合わせていきます。

そうすると、ソフトな握手になります。それだけで印象はまったく変わります。

相手の目を見て握手すると、その握手は淡泊ではなくなります。

相手の手を見て握手すると、はい、はい、はいと、誰としているかわからないし、握手が短くなるのです。

相手の目を見てする握手は長くなります。

そして、相手が離すより0・1秒あとに離すことです。

相手より先に離すと、嫌がっている、拒否している、拒絶している、ガードがかたいという印象になります。

相手の目を見ていると、握手の手を離すのは必ず相手より遅れるのです。

握手をする時に、相手の手を見ない。

目力をつける魔法
No.62

本を読んでいる人は、目に力がある。

ticket No.63

目力を鍛えようと思ったら、本を読むことです。
本を読むと、活字を追う力ではなく、活字を映像に置きかえる力がつきます。
今、目の前にない映像を見る力がつくのです。
自分では気づきませんが、本を読んでいる時の目線はとてもきれいです。
西洋絵画には、「手紙を読む女性」というモチーフがたくさんあります。
手紙を読んでいる時の女性は、いい表情、いい目線をしているのです。
決して力んだ目ではなく、リラックスしているのに、うっとりしています。
ラブレターでも悲しい手紙でも、手紙を読む人の目は美しいのです。
単に字を読んでいるだけではなく、手紙を書いてくれた人の映像を思い浮かべているからです。
本を読んでいる人は、本の世界に没頭しています。
自分が本を読んでいることすら忘れています。
本の世界に完全に入って映像を見ているので、美しい目になるのです。
ふだん本を読んでいない人は、その映像を見ることができません。
そういう人は目に涼やかさがなくなるのです。

本を読もう。

目力をつける魔法
No.63

大地から空気を吸い込むと、目が涼しくなる。

ticket No.64

目力をつけるには、呼吸の仕方を変える方法もあります。

「今どこの空気を吸っていますか」と聞くと、たいていの人は「顔の前の空気」と答えます。

でも、それでは目力は出ないのです。

それは庶民の空気の吸い方です。

貴族の目は、ハハーッとひれ伏してしまうようなオーラを感じます。

「募金してください」と言われると、つい募金してしまいそうになります。

それが貴族やセレブの目力です。

貴族やセレブは、足元の空気を吸い上げています。

目の前の空気を吸っていると、首がどんどん前に出てきます。

足元の空気を吸い上げると、体がグッと持ち上がります。

ロケットエンジンと同じように、大地のエネルギーを吸い上げながら体に入れると、目が少し浮き上がります。

目力のある目は、決して重くありません。

軽やかな目です。

実は、目力は目の力だけの問題ではないのです。

いかに目の力を抜いて、体の中にきちんとエネルギーが流れているかが大切なのです。

エネルギーを流すためのひとつの方法が、足元の空気を吸い込むことです。

水泳は、昔は体から遠いところの水をかいたほうがいいと言われていました。

ところが、今は、手を後ろに押し上げる時には体の近くをかいたほうがいいという考え方に進化しています。

それと同じように、**呼吸をする時も、自分がどこの空気を吸っているかを意識す**

ることです。
それが体になじんで習慣化すると、あなたの目は高貴な目に変わっていくのです。

足元の空気を、吸い上げよう。

目力をつける魔法
No.64

写真を撮られる時に、かたまらない。

ticket No.65

写真を撮られる時に、いつも目の表情が同じ人がいます。

そういう人は、何枚撮ってもつまらない。

あまり魅力的な写真にはなりません。

写真を何枚か撮ったら、表情がみんな違うほうが魅力があります。

目の表情を変えるコツは、かたまらないことです。

何枚か続けて写真を撮る時は、1回うつむいてから顔を上げます。

そうすると、顔は必ず前と違う位置にきます。

逆に、いったんあごを引いてうつむいて、もう1回顔を上げた時に同じ位置に持ってくるほうがはるかにむずかしいのです。

うつむいて顔を上げたり、右や左を向いてもとへ戻すと、目はいろいろな表情に変わります。

プロのモデルは、1日に何百枚も写真を撮られます。

その時に、ただポーズを変えているだけではありません。

ストロボをチャージするリズムで、どんどん顔を変えています。

いったんうつむいたり、別のところを見て、また顔を振っていきます。

そうすれば、目の表情はそのつど変わります。

同じポーズでずっとかたまっていると、全体がだんだんこわばって、魅力的な目でなくなります。

タイマーで撮る写真も、みんなかたまっているので、あまりいいスナップ写真は撮れないのです。

いい表情を撮るためには、3、2、1の合図の「2」で撮ります。

相手が準備する前に撮るのがいい表情を撮るコツです。

ところが、ほとんどの人は、3、2、1、ゼロの「ゼロ」で押すのです。

1拍遅れて、1拍かたまりすぎた表情になるのです。

写真に撮られる時に、目力をつけるコツは、撮られる構えを早くからつくりすぎないことです。

写真を撮る側になる時は、カメラを構えたら、すぐ撮ることです。

構えてから、撮られるまでの時間が短いほど、目力は、生まれます。

写真を撮られる時に、構えない。

目力をつける法則
No.65

好きな人を見る目が、一番目力がある。

ticket No.66

写真を撮られる時に、目線が弱かったり、レンズをにらむ人がいます。
目力の弱い人ほどレンズをにらむので、怖い顔になります。
しかも、顔の表情がかたまって、あなたの本当の魅力は出なくなるのです。
目力だけでなく、表情全体を崩してしまいます。
写真を撮られる時は、レンズに好きな人を思い浮かべます。
好きな人を思い浮かべる時、人は皆一番いい表情になります。
赤ちゃんのいる人なら、赤ちゃんの顔をレンズに思い浮かべます。
赤ちゃんに向かって怖い目線をする人はいません。
ペットを飼っていたら、ペットの顔を思い浮かべます。

ペットに対して投げかけている目線は、あなたのベストな目線で、キラキラした目になるのです。

犬に対していい目線のできない人は、犬が怖いのです。

怖がっている目線に、目力はありません。

かまれたらどうしようと、必要以上ににらんでいます。

それをカメラに向かってしているのです。

ペット、子供、赤ちゃん、恋人に向かって投げかける目線は、本来それだけでもキラキラ目になります。

自分の好きなもの、カッコいいと思うもの、かわいいと思うものを思い浮かべている時が、あなたの一番いい目になるのです。

写真を撮られる時は、レンズに好きな人を思い浮かべよう。

目力をつける魔法
No.66

ticket No.67

パーティーで、遠くにいる人を見つめよう。

オペラ歌手の声がすばらしいのは、遠くまで届くからです。

マイクなしで、あの天井の高いオペラ座で、天井桟敷の一番奥の席まで声が届くのです。

オペラ歌手は声で距離感を出しているのです。

目線もまったく同じです。

近くに強い目線を送るよりも、どれだけ遠くに目線をパスできるかが大切です。

イチロー選手は、ライトからノーバウンドでバックホームします。

それは「レーザービーム」と言われる遠投力です。

同じように、目にも遠投力があって、それが目力になるのです。

遠くに投げられる目を持てば、近くは楽勝です。

たとえば、パーティーでいいなと思った人に遠くから目線を送ります。

みずから近づかなくてもいいのです。

その間に人がどんなに通っても、逆に人で見え隠れしていても、遠くから見続けると、相手に必ず伝わります。

これが目の遠投力です。

遠くから声をかけられる人は、目の遠投力があります。

声をかけられなくても、気づいて会釈する人も目の遠投力があります。

有名アーティストやミュージシャンは、東京ドームのコンサートで5万人を集めます。

来たお客様は、みんな「私、目が合った」と満足して帰ります。

5万人の目が全部合うわけはありません。

でも、誰もが目が合ったような気がするのです。

カリスマ性のあるアーティストやミュージシャンは、遠くまで目線を飛ばしているのです。

着席制のレストランで、離れた席に座っていた女性と一瞬目が合います。

それが隣に座っている女性よりインパクトが強いことがあります。

隣にいる人だけを見ているのではなく、遠くにいる人にどれだけ目の遠投力を使えるかです。


遠投力が伸びれば、近くは楽勝です。

1メートル先の人を100メートル貫く目で見ると、とても強い目になるのです。

見つめるロングシュートをしよう。

目力をつける魔法
No.67

見ているところにしか、進めない。

ticket No.68

人間は、見ている方向に進む時に、最もナチュラルで美しい。
エネルギーにムダがなく、人とぶつからない進み方になります。
人とぶつかるのは、見ている方向と動いている方向とが違うからです。
まわりの人は「あの人はこっちへ行くだろう」と思っています。
それがカニのように全然違う方向に動くからぶつかってしまうのです。
ファッションモデルは、ぶつかるぐらい狭いところでもすれ違っています。
体はけっこうねじれて、左右の足で1本のラインをクロスするように歩いています。
それでも見ている方向に進んでいるので、ぶつからないのです。
ファッションモデルの歩き方がきれいなのは、足や手が長くて細いからではありません。

目線が高く安定しているから、見た人はきれいに感じるのです。

しかも、ファッションモデルはすれ違う時に決してぶつかりません。

相手がどちらに行こうとしているか、お互いにわかっているのです。

行きたい方向を向けば、その方向に進んでいけるのです。

「こんなことをしたい、あんなことをしたい」と言っているわりには、なかなか夢が実現しない人がいます。

そういう人は、口ではそう言いながら、目がそちらに向いていないのです。

語る口と見る目とが同じ方向を見ることです。

それが、目力を強くして、夢を実現していくことでもあるのです。

夢のある人は夢の方向に向かっているので、目線が安定しています。

目線と進む方向は、エネルギーの方向性と一致します。

そうすれば、ムダがなく、目力も強くなるのです。

進みたいところを、見つめよう。

目力を
つける魔法
No.68

『「運命の3分」で、成功する。』
『チャンスは目の前にある』
『30歳からの男の修行』
『誰も教えてくれなかった大人のルール恋愛編』
『誰も教えてくれなかった大人のルール』
『「ほめる」「あやまる」「感謝する」ですべてうまく行く』
『オンリーワンになる勉強法』
『君をつらぬこう。』
『眠れない夜の数だけ君はキレイになる』
『一流の遊び人が成功する』

【ぜんにち出版】
『ワルの作法』
『モテるオヤジの作法2』
『かわいげのある女』
『モテるオヤジの作法』

【イースト・プレス】
『「男を口説ける男」が、女にモテる。』
『安倍晴明に学ぶ33の魔術』
『だから好き、なのに愛してる。』
『気がついたら、してた。』

【TBSブリタニカ】
『子供を自立させる55の方法』
『子供は、ガンコな親を求めている』
『親を教育する62の方法』
『道楽のススメ』
『顰蹙のススメ』
『煩悩のススメ』

【海竜社】
『一日を長く生きる人が成功する』
『自分の才能に気づく55の方法』
『幸せは「ありがとう」の中にある。』
『挨拶の数だけ、幸せになれる。』

【主婦の友社】
『3分でオーラが出た〜紳士編〜』
『3分でオーラが出た〜淑女編〜』
『運に愛されるトライ美人』
『「黄金の女性」になるマジック・ノート』
『ハッピーな女性の「恋愛力」』
『君はダイヤモンド。傷つきながら、輝いていく。』
『なぜあの人には、センスがあるのか。』

【ゴマブックス】
『夢を実現するために、今すぐできる50のこと』
『「つり橋が、落ちないように、渡ろう。」』
『「あれ、なんで泣いてたんだっけ？」』
『「一生懸命、適当に。」』
『「幸運は、君が運んでくる。」』
『「いい男といると、元気になれる。」』
『「直球ですが、好きです。」』
『「ノー・プロブレムです。」』
『「最近、何かムチャなコトした？」』
『「トイレで笑ってる、君が好き。」』
『「人生の袋とじ」を開けよう。』
『「特別な人が、君を待っている。」』
『「君は、夢の通りに歩いていける。」』

『大人の教科書』（きこ書房）
『恋愛天使』（メディエイション・飛鳥新社）
『いい男をつかまえる恋愛会話力』（阪急コミュニケーションズ）
『魔法使いが教えてくれる結婚する人に贈る言葉』（グラフ社）
『魔法使いが教えてくれる愛されるメール』（グラフ社）
『和田一夫さんに「元気な人生」を教えてもらう』（中経出版）
『壁に当たるのは気モチイイ　人生もエッチも』（サンクチュアリ出版）
『キスに始まり、キスに終わる。』（KKロングセラーズ）
『カッコイイ女の条件』（総合法令出版）
『恋愛女王』（総合法令出版）
『本当の生きる力をつける本』（幻冬舎）
『あなたが変わる自分アピール術』（幻冬舎）
『遊び上手が成功する』（廣済堂文庫）
『元気な心と体で成功をよびこむ』（廣済堂文庫）
『成功する人しない人』（廣済堂文庫）
『女々しい男で　いいじゃないか』（メディアファクトリー）
『なぜあの人はタフなのか』（東洋経済新報社）
『なぜあの人は強いのか』（東洋経済新報社）
書画集『会う人みんな神さま』（DHC）
ポストカード『会う人みんな神さま』（DHC）
『自分がブランドになる』（PARCO出版）
『なぜあの人には気品があるのか』（徳間書店）
『ここ一番にリラックスする50の方法』（徳間書店）
『抱擁力』（経済界）
『贅沢なキスをしよう。』（文芸社）
『SHIHOスタイル』（ソニー・マガジンズ）
『「お金と才能」がない人ほど、成功する52の方法』（リヨン社）
『「お金持ちの時間術」』（リヨン社）
『ツキを呼ぶ53の方法』（リヨン社）

面接の達人

【ダイヤモンド社】
『面接の達人　バイブル版』
『面接の達人　自己分析・エントリーシート編』
『面接の達人　電話のかけ方　手紙の書き方』
『面接の達人　女子学生版』
『面接の達人　問題集男子編』
『面接の達人　問題集女子編』
『面接の達人　転職版』
『面接の達人　転職問題集／自己分析・経歴書編』

小説

【読売新聞社】
『恋愛小説』『恋愛日記』『恋愛旅行』
『恋愛美人』『恋愛運命』

『いい女だからワルを愛する』（青春出版社）

『本当の自分に出会える101の言葉』
『大人になる前にしなければならない50のこと』
『自分で思うほどダメじゃない』
『人を許すことで人は許される』
『人は短所で愛される』
『会社で教えてくれない50のこと』
『学校で教えてくれない50のこと』
『あなたは人生に愛されている』
『あなたの出会いはすべて正しい』
『頑張りすぎないほうが成功する』
『大学時代しなければならない50のこと』
『大学時代出会わなければならない50人』
『口説く言葉は5文字まで』
『昨日までの自分に別れを告げる』
『人生は成功するようにできている』
『あなたに起こることはすべて正しい』
『不器用な人ほど成功する』

【PHP研究所】
『ハッピー know how 朝に生まれ変わる50の方法』
『運を味方にする選択』
『たった3分で愛される人になる』
『すぐに使えるマナー心理テスト』
『これから、いつも、一緒だよ。大切な人と別れる時に』
『きっと強運になる達人ノート』
『たった3分で見ちがえる人になる』
『何もいいことがなかった日に読む本』

【PHP文庫】
『すぐに使えるマナー心理テスト』
『明日は、もっとうまくいく。』
『何もいいことがなかった日に読む本』
『なぜ彼女に「気品」を感じるのか』
『なぜあの人は「困った人」とつきあえるのか』
『右脳で行動できる人が成功する』
『笑われた人が、ヒーローになれる』
『出会いにひとつのムダもない』
『今したいことを、今しよう。』
『人生の億万長者になろう。』
『本当の自分に出会える101の言葉』
『大人の友達と遊ぼう。』
『恋の奇跡のおこし方』
『なぜ、あの人は「存在感」があるのか』
『自分で考える人が成功する』
『人は短所で愛される』
『大人の友達を作ろう。』
『スピード人間が成功する』
『朝に生まれ変わる50の方法』
『知的な女性は、スタイルがいい』
『強運になれる50の小さな習慣』
『「大人の女」のマナー』
『生き直すための50の小さな習慣』
『運命を変える50の小さな習慣』
『大学時代しなければならない50のこと』
『運が開ける3行ハガキ』
『気がきく人になる心理テスト』
『なぜ彼女にオーラを感じるのか』

【三笠書房】
『3分で気持ちの整理ができた』
『3分で金運がついた。』
『3分でフェロモンが出た。』
『こんな女性と恋をしたい』
『29歳からの「一人時間」の楽しみかた』
『25歳からの「いい女」の時間割』
『だから君といるとハッピーになる』
『僕が君に魅かれる理由』
『運命の人（ソウルメイト）と結婚するために』

【三笠書房・知的生きかた文庫/王様文庫】
『29歳からの「一人時間」の楽しみかた』
『25歳からの「いい女」の時間割』
『テリー＆中谷の人生のツボ』
『占いで運命を変えることができる』
『中谷彰宏の「気持ちのいい恋」25のヒント
『想いは、かなう』
『僕が君に魅かれる理由』
『3分で右脳が目覚めた。』
『運命の人（ソウルメイト）と結婚するために』
『「時間」のお金持ちになる本』
『人間関係に強くなる50のヒント』
『背中を押してくれる50のヒント』
『お金で苦労する人しない人』
『気持ちが楽になる50のヒント』
『前向きになれる50のヒント』
『自分の魅力に気づく50のヒント』

【説話社】
『あなたにはツキがある』
『占いで運命を変えることができる』

【大和書房】
『「17歳力」のある人が、成功する。』
『大人の男を口説く方法』
『ちょっとした工夫で、人生は変わる。』
『1週間で「新しい自分」になる』
『知的な男は、モテる。』
『「大人の男」に愛される恋愛マナー』
『「欲しい」と言われる男になるMUST50』
『女性から口説く101の恋愛会話』
『「秘密の恋」でいい女になる50の方法』
『「いい女」とつきあっている男の小さな習慣』
『もっと奥まで、つきあおう。』
『死ぬまでにしなければならない101のH』
『「女を楽しませる」ことが男の最高の仕事。』
『自分から、抱きしめよう。』
『男は女で修行する。』
『二人で「いけないこと」をしよう。』
『口説かれる自信を、持とう。』
『危ない男と、つきあおう。』
『尊敬できる男と、しよう。』

【KKベストセラーズ】
『会話の達人』

『一日に24時間もあるじゃないか』
『人を動かせる人の50の小さな習慣』
『スピード整理術』
『あなたが動けば人は動く』
『超管理職』
『時間に強い人が成功する』
『成功する大人の頭の使い方』
『入社3年目までに勝負がつく77の法則』
『一回のお客様を信者にする』
『こんな上司と働きたい』

【三笠書房・三笠文庫】
『3分で右脳が目覚めた。』
『お金で苦労する人しない人』
『あなたのお客さんになりたい！』
『あなたのお客さんになりたい！』（文庫版）

【オータパブリケイションズ】
『レストラン王になろう2』
『改革王になろう』
『私をホテルに連れてって』
『サービス王になろう2』
『サービス刑事』
『レストラン王になろう』
『ホテル王になろう2』
『ホテル王になろう』

【ビジネス社】
『あなたを成功に導く「表情力」』
『幸せな大金持ち　不幸せな小金持ち』
『大金持ちになれる人　小金持ちで終わる人』
『右脳でオンリーワンになる50の方法』
『技術の鉄人　現場の達人』
『情報王』
『昨日と違う自分になる「学習力」』

【廣済堂文庫】
『逆境こそ成功のチャンス』
『諦めない人が成功する』
『節目に強い人が成功する』
『マニュアルにないサービスが成功する』

【サンマーク文庫】
『時間塾』『企画塾』『情報塾』『交渉塾』
『人脈塾』『成功塾』『自分塾』

【ぜんにち出版】
『富裕層ビジネス　成功の秘訣』
『リーダーの条件』

『成功する人の一見、運に見える小さな工夫』（ゴマブックス）
『オンリーワンになろう』（総合法令出版）
『転職先はわたしの会社』（サンクチュアリ出版）
『なぜあの人は楽しみながら儲かるのか』（ぶんか社）
図解『右脳を使えば、すごいスピードで本が読める。』（イースト・プレス）
マンガ『ここまでは誰でもやる』（たちばな出版）
『自分リストラ術　やりたいこと再発見』（幻冬舎）
『人を動かすコトバ』（実業之日本社）
『あと「ひとこと」の英会話』（DHC）
『デジタルマナーの達人』（小学館）
『なぜあの人は楽しみながら儲かるのか』（ぶんか社文庫）
『人脈より人望のある人が成功する』(KKベストセラーズ)
『オンリーワンになる仕事術』（KKベストセラーズ）
『成功者は、新人時代からココが違った。』（海竜社）
『サービスの達人』（東洋経済新報社）
『復活して成功する57の方法』（三一書房）
『本当の自分に出会える101の言葉』【オーディオブック】（オーディオブックジャパン）
『子どもの一生を決める46の言葉のプレゼント』（リヨン社）

【Visionet】
『BIG interview 中谷彰宏の成功学　人生を豊かにする5つの力』

恋愛論・人生論

【ダイヤモンド社】
『20代で出会わなければならない50人』
『あせらず、止まらず、退かず。』
『「人間力」で、運が開ける。』
『明日がワクワクする50の方法』
『なぜあの人は10歳若く見えるのか』
『テンションを上げる45の方法』
『大人のスピード勉強法』【軽装版】
『成功体質になる50の方法』
『運のいい人に好かれる50の方法』
『本番力を高める57の方法』
『運が開ける勉強法』
『ラスト3分に強くなる50の方法』
『できる人ほど、よく眠る』
『答えは、自分の中にある。』
『思い出した夢は、実現する。』
『習い事で生まれかわる42の方法』
『30代で差がつく50の勉強法』
『面白くなければカッコよくない』
『たった一言で生まれ変わる』
『なぜあの人は集中力があるのか』
『なぜあの人は人の心が読めるのか』
『健康になる家　病気になる家』
『泥棒がねらう家　泥棒が避ける家』
『スピード自己実現』
『スピード開運術』
『破壊から始めよう』
『失敗を楽しもう』
『免疫力を高める84の方法』
『20代自分らしく生きる45の方法』
『ケンカに勝つ60の方法』
『受験の達人』
『お金は使えば使うほど増える』
『自分のためにもっとお金を使おう』
『ピンチを楽しもう』

中谷彰宏の主な作品一覧

ビジネス

【ダイヤモンド社】

『就活時代しなければならない50のこと』
『お客様を育てるサービス』
『あの人の下なら、「やる気」が出る。』
『なくてはならない人になる』
『人のために何ができるか』
『キャパのある人が、成功する。』
『時間をプレゼントする人が、成功する。』
『会議をなくせば、速くなる。』
『ターニングポイントに立つ君に』
『空気を読める人が、成功する。』
『整理力を高める50の方法』
『迷いを断ち切る50の方法』
『初対面で好かれる60の話し方』
『運が開ける接客術』
『バランス力のある人が、成功する』
『映画力のある人が、成功する。』
『逆転力を高める50の方法』
『40代でしなければならない50のこと』
『最初の3年その他大勢から抜け出す50の方法』
『ドタン場に強くなる50の方法』
『いい質問は、人を動かす。』
『アイデアが止まらなくなる50の方法』
『メンタル力で逆転する50の方法』
『君はこのままでは終わらない』
『30歳までに成功する50の方法』
『なぜあの人はお金持ちになるのか』
『成功する人の話し方』
『短くて説得力のある文章の書き方』
『超高速右脳読書法』
『なぜあの人は壁を突破できるのか』
『自分力を高めるヒント』
『なぜあの人はストレスに強いのか』
『なぜあの人は部下をイキイキさせるのか』
『なぜあの人はリーダーシップがあるのか』
『なぜあの人は落ち込まないのか』
『20代で差がつく50の勉強法』
『なぜあの人は仕事が速いのか』
『スピード問題解決』
『スピード危機管理』
『スピード決断術』
『スピード情報術』
『スピード顧客満足』
『一流の勉強術』
『スピード意識改革』
『アメリカ人にはできない技術　日本人だからできる技術』
『携帯で声の大きくなる男デート中にメールを打つ女』
『お客様のファンになろう』
『成功するためにしなければならない80のこと』
『大人のスピード時間術』
『成功の方程式』
『なぜあの人は問題解決がうまいのか』
『しびれる仕事をしよう』
『大人のスピード思考法』
『「アホ」になれる人が成功する』
『しびれるブランドを作ろう』
『しびれるサービス』
『ネットで勝つ』
『大人のスピード説得術』
『お客様に学ぶサービス勉強法』
『eに賭ける』
『大人のスピード仕事術』
『大人のスピード読書法』
『スピード人脈術』
『スピードサービス』
『スピード成功の方程式』
『スピードリーダーシップ』
『大人のスピード勉強法』
『今やるか一生やらないか』
『人を喜ばせるために生まれてきた』
『一日に24時間もあるじゃないか』
『もう「できません」とは言わない』
『出会いにひとつのムダもない』
『お客様が私の先生です』
『今からお会いしましょう』
『お客様がお客様を連れて来る』
『お客様にしなければならない50のこと』
『管理職がしなければならない50のこと』
『30代でしなければならない50のこと』
『20代でしなければならない50のこと』
『独立するためにしなければならない50のこと』
『なぜあの人の話に納得してしまうのか』
『なぜあの人は気がきくのか』
『なぜあの人は困った人とつきあえるのか』
『なぜあの人はお客さんに好かれるのか』
『なぜあの人はいつも元気なのか』
『なぜあの人は時間を創り出せるのか』
『なぜあの人は運が強いのか』
『なぜあの人にまた会いたくなるのか』
『なぜあの人はプレッシャーに強いのか』
『成功する大人の頭の使い方』
ビデオ『あなたに会うと元気になる』
ビデオ『出会いを大事にする人が成功する』
ビデオ『理解する人が、理解される』
ビデオ『人を動かすのではなく自分が動こう』
ビデオ『出会いに一つのムダもない』

【PHP研究所】

『「気がきく人」になる50の仕事術』
『【図解】「できる人」の10倍速い仕事術』
『【図解】決定版！30代を最高に生きるヒント』
『明日は、もっとうまくいく。』
『【図解】「できる人」の時間活用ノート』
『[図説]入社3年目までに勝負がつく75の法則』

【PHP文庫】

『成功する「上司」の動かし方』
『なぜあの人は集中力があるのか』
『スピード人脈術』
『心にエンジンがかかる50の小さな習慣』
『お客様にしなければならない57のこと』

●本の感想など、どんなことでも、
あなたからのお手紙をお待ちしております。
僕は、本気で読みます。　　　　中谷彰宏

〒102-0072　東京都千代田区飯田橋4-9-5　スギタビル4F
株式会社ソーテック社編集部気付　中谷彰宏　行
＊食品、現金、切手などの同封は、ご遠慮ください。（編集部）

●中谷彰宏　ホームページ　http:www.an-web.com
　　　　　　モ バ イ ル　http:www.an-web.com/mobile/

バーコードの読み取りに対応したカメラ付き携帯電話で右のマークを読み取ると、中谷彰宏ホームページのモバイル版にアクセスできます。対応機種・操作方法は取り扱い説明書をご覧ください。

EYE LOVE EYE
営利を目的とする場合を除き、視覚障害その他の理由で活字のままでこの本を読めない人達の利用を目的に、「録音図書」「拡大写本」「テキストデータ」へ複製することを認めます。製作後には著作権者または出版社までご報告ください。

中谷彰宏は、盲導犬育成事業に賛同し、この本の印税の一部を（財）日本盲導犬協会に寄付しています。

目力《めぢから》の鍛《きた》え方《かた》

2007年2月28日　初版第1刷発行

著　者　中谷彰宏
発行人　柳澤淳一
編集人　久保田賢二
発行所　株式会社　ソーテック社
〒102-0072　東京都千代田区飯田橋4-9-5　スギタビル4F
電話：販売部 03-3262-5320
FAX：　　　03-3262-5326
印刷所　図書印刷株式会社

ISBN978-4-88166-825-2